MvS

Roberto Cotroneo

Wenn ein Kind an einem Sommermorgen

Brief an meinen Sohn über die Liebe zu Büchern

Aus dem Italienischen und
mit einem Nachwort versehen
von Burkhart Kroeber

Marion von Schröder

Titel der italienischen Originalausgabe:
Se una mattina d'estate un bambino
Originalverlag: Edizioni Frassinelli, Mailand
Übersetzt von: Burkhart Kroeber und mit einem Nachwort versehen

Die Deutsche Bibliothek – CIP-Einheitsaufnahme

Cotroneo, Roberto:
Wenn ein Kind an einem Sommermorgen: Brief an meinen Sohn über die Liebe zu Büchern/Roberto Cotroneo. Aus dem Ital. von Burkhart Kroeber. – Düsseldorf: Marion von Schröder, 1996
Einheitssacht.: Se una mattina d'estate un bambino ‹dt.›
ISBN 3-547-71917-8.

Veröffentlicht im Marion von Schröder Verlag

Lektorat: Susanne Van Volxem
Umschlaggestaltung: Groothuis + Malsy, Bremen
Gesetzt aus der Sabon, Berthold. Satz: Dörlemann Satz, Lemförde.
Papier: Papierfabrik Schleipen GmbH, Bad Dürkheim. Druck und Bindearbeiten: F. Pustet, Regensburg. Printed in Germany.
ISBN 3-547-71917-8

Inhalt

Für Federica,
die dir so schöne Geschichten
zu erzählen weiß …

Es war einmal ein Marienkäfer …

Lieber Francesco,
heute morgen bist Du gekommen und hast mir Dein Buch gebracht. Du warst noch ganz schlaftrunken und hattest noch diese kleinen tiefdunklen Augen, die nicht aufgehen wollten, und diesen Stolpergang mit überkreuzten Beinen, bei dem man immer meint, Du müßtest gleich hinfallen. Du bist mit einem Bilderbuch zu mir gekommen. Es war das mit dem Marienkäfer vorne drauf, das mit einer Drahtspirale zusammengehalten wird. Du siehst es Dir oft an, und Mama liest Dir daraus zum Einschlafen vor. Wir haben es Dir gekauft, nachdem ich Dir einmal im Park einen Marienkäfer auf den Handrücken gesetzt hatte, damit Du ihn Dir ansehen konntest. Der Marienkäfer krabbelte zu Deinem kleinen Handgelenk, und Du hast ihn betrachtet mit dieser Mischung aus Neugier und wissendem Einverständnis, die kleine Kinder wie Du so an sich haben. Du wolltest sehen, was dieses Tierchen machen würde, um es dann wieder aufzunehmen und es Dir irgendwie anzueignen. Aber auf einmal ist der Marienkäfer davongeflogen. Und Du hast ihm enttäuscht nachgeschaut. Das hattest Du nicht erwartet. Marienkäfer sehen nicht so aus, als ob sie fliegen könnten; auf den ersten Blick hält man sie für Tiere, die nur auf der Erde leben. Als wir dann nach Hause gingen, hast Du Mama plötzlich gebeten, Dir die

Geschichte vom Marienkäfer zu erzählen. Das heißt, Du hast keine so klar formulierte Bitte ausgesprochen, Du kannst noch nicht richtig sprechen, auch wenn Du schon viele Wörter verstehst. Aber Du hast so etwas Ähnliches wie »Geschichte Marienkäfer« gesagt (oder eher wie »Tichte Rienäfa«, was auf dasselbe hinausläuft), und da haben wir Dir erzählt, es war einmal ein Marienkäfer, der lebte im Park, und eines Tages nahm ihn ein kleiner Junge namens Francesco in die Hand. Der Käfer war rot mit kleinen weißen Punkten, und es machte ihm Spaß, auf Francescos Hand herumzukrabbeln. Bis ein anderer Käfer geflogen kam, der mit ihm befreundet war, ein gelber mit blauen Punkten, und ihm von weitem zurief: »Komm, wir fliegen zu einer Stelle, wo es sehr schön ist.« Da flog der rote Marienkäfer zusammen mit dem gelben davon, um sich an einen Ort voll wunderbarer Abenteuer zu begeben.

Das war eine Deiner ersten Geschichten, Francesco. Hast Du das gewußt? Vielleicht sagen wir lieber, Du hast es gespürt, Du hattest das Bedürfnis nach einer Erzählung. Ein paar Tage später haben wir Dir dieses kleine Buch gekauft, ein Buch mit einer Spirale als Einband und einem großen roten Marienkäfer vorne drauf. So konntest Du Dich an ihn erinnern. Und dieses Buch ist für Dich zu einer Geschichte geworden, die jedesmal ein bißchen anders geht. Es ist eigenartig, für Dich sind Bücher seit jeher etwas Vertrautes gewesen, etwas Gewohntes. Unsere Wohnung ist voller Bücher, es sind Tausende und aber Tausende, und ich habe Dir nie verboten, sie anzufassen, im Gegenteil, ich habe Dir immer gesagt, daß Du sie in die Hand nehmen kannst, aber ohne die Seiten herauszureißen. So wie ich Dir auch nie verboten habe, ans Klavier zu gehen: Du kannst ruhig darauf spielen, so klein wie Du bist, auf dem Hocker sitzend vor diesem großen schwarzen Ungetüm, auch wenn Du manchmal bloß wild auf die Tasten haust und einen Höllenlärm machst. Die ersten Male hast Du sogar die Noten auf dem Notenständer haben wollen, um es genauso wie Papa zu machen, der oft die Musik aus dem Notenbuch liest, wenn er spielt.

Tja, lesen: Du hast uns immer lesen gesehen, in Büchern und Zeitungen, und Du hast uns oft auch schreiben gesehen, an den Abenden, wenn Du noch aufbleiben willst – also fast an allen Abenden –, und wenn Du dann verlangst, noch mal *Peter Pan* anzuschauen oder *Das Dschungelbuch*. Und oft hast Du uns auch gebeten, Dir Deine Bücher vorzulesen, die schon einen gewissen Platz im Bücherschrank einnehmen: die von *Dumbo* oder von *Aschenputtel*, die, die Töne von sich geben, wenn man die Figuren berührt, oder die, die sich beim Aufklappen in ein Karussell verwandeln oder in ein kleines Theater; manche haben auch die Form von Tieren, von Deinen Tieren und von denen, die Du erkennen gelernt hast und die Du mit Namen nennst. So sind alle Kaninchen Dein Lulu, das im Käfig auf der Terrasse wohnt, und alle Krokodile sind jenes Riesenreptil, das Captain Hook fressen will und in dem man, wenn es näherkommt, die Uhr ticken hört, die es vor langer Zeit verschluckt hat.

Lieber Francesco, heute früh, es war ein Morgen am Meer, ein Sommermorgen, bist Du aufgewacht, hast das Buch mit dem Marienkäfer hergebracht und gesagt: »Papa, Tichte.« Du warst noch ungekämmt, Deine blonden Locken waren noch ganz zerzaust, und Du warst barfuß. Ich habe Dir gesagt, setz Dich her auf die Stufe, und habe mir gedacht, so könnte dieses Buch beginnen. Mit Deinem so wissenden und teilnahmsvollen, manchmal sehr ernsten Gesicht, mit Deinem gelispelten *sì*, bei dem das *s* wie ein *t* klingt und das Deine Stimme ein bißchen wie eine Zeichentrickfilmstimme klingen läßt. Fürs erste mag Dir die Geschichte vom Marienkäfer oder die von Dumbo genügen. Später, wenn Du größer bist, wirst Du anderes lesen wollen. Du wirst neue Bücher brauchen, nicht mehr solche mit vielen Bildern von Tieren oder mit Tönen. Du wirst von etwas reden hören, was man Literatur nennt, und auch von Gedichten. Du wirst ein paar Abzählreime auswendig lernen, und vielleicht wirst Du das Ende vergessen, und alle werden lachen. Und Du wirst Gefahr laufen, daß eine wohlmeinende Lehrerin versucht, Dir schon in ganz jungen Jahren den ach so heiligen Wert des Lernens, des Lesenmüssens und Wissenmüssens einzutrichtern; Dir das Gefühl zu geben, bloß ein winziger Knirps zu sein angesichts des großen Gebirges der universalen Genialität. Und Dir nicht beizubringen, es zu ersteigen, sondern es bloß zu fotografieren wie irgendein Tourist. Ich will wahrhaftig keinen Alpinisten der Literatur aus Dir machen, Francesco (ich, dem so leicht schwindlig wird), aber ich möchte, daß Du eins verstehst: Bewunderung ist immer das Ende eines Prozesses und nie sein Anfang. Sonst ist sie Mystizismus oder Verliebtheit, also etwas ganz anderes.

Lieber Francesco, mein Beruf ist der eines Kritikers, eines Literaturkritikers vor allem. Ich werde dafür bezahlt, daß ich Urteile über Bücher abgebe. Und im Moment werde ich dafür bezahlt, daß ich diese Urteile über Bücher abgebe, die mir nicht gefallen. Für mich ist das eine Stilübung, und außerdem ist es leichter, schlechte Bücher zu finden als gute. Meine Arbeit nützt jenen Lesern, die nicht das falsche Buch kaufen wollen, die nur selten in Buchläden gehen und auf jemanden angewiesen sind, der mehr Erfahrung hat als sie. Ich habe Dir immer gesagt, daß man Bücher nicht zerreißt, sondern sorgfältig mit ihnen umgehen muß. Aber ich sage Dir auch, daß Bücher nicht heilig sind. Sie müssen nicht um jeden Preis aufbewahrt und erhalten werden, die Würde eines Buches liegt nicht darin, daß jemand irgendwann einmal mit Wörtern bedruckte Seiten zusammengebunden hat. Ich sage Dir, daß man Bücher auch wegwerfen kann, daß man nur die guten aufheben muß, aber um diese dann ruhig auch einen Kult machen darf. Die Bücher, die Dich umgeben, die bei uns zu Hause im Regal stehen, sind oft gute Bücher, gerade weil viele andere dort keinen Platz gefunden haben und jetzt woanders stehen oder auch im Papierkorb gelandet sind. Du brauchst für die Zukunft keine Angst zu haben, Francesco, Du wirst nicht so werden wie viele, die sich aus Ehrfurcht vor der Kultur nicht trauen, mit ihr umzugehen, über sie Scherze zu machen, mit ihren Paradoxen zu spielen, mit ihren Autoren zu sprechen, ohne sich allzu viele Stufen unter sie zu stellen. Vor der Literatur darf man sich nicht fürchten, Francesco, nicht einmal vor der schwierigsten. Du darfst nicht fragen: »Haben Sie wirklich den ganzen Joyce gelesen, bis zur letzten Seite?« Mach Scherze mit Joyce, er hätte sich darüber gefreut. Mach die gewaltigste und komplizierteste Dichtung nicht zu einem Denkmal, zu etwas, das man bewundern muß wegen seiner nutzlosen Größe.

Dante muß man auswendig lernen wie Kinderreime und muß ihn hören, als wäre es Reggae-Musik, nur daß bei ihm die Terzinen den Rhythmus bestimmen und nicht Bob Marleys Gitarre, die Du schon jetzt manchmal hören willst.

Ich will Dich nicht überheblich machen (obwohl ein Schuß Überheblichkeit hilft, sich zu wehren). Was ich mit Dir vorhabe, ist viel schwieriger und hatte schon immer nur geringe Erfolgsaussichten: eine gute Anzahl von Gemeinplätzen, die sie Dir von allen Seiten in den Kopf setzen wollen, zu bekämpfen und wieder auszulöschen. Ich sehe Dich schon mit diesen dunklen und lebhaften Augen: Es wird nicht leicht sein, Dir allzuviel einzureden, Dich von etwas zu überzeugen, was Dir nicht einleuchtet. Du bist kein Kind, zu dem man sagen kann: So ist es nun mal, Du mußt mir glauben. Du hast einen ungebärdigen und ironischen Geist, das wird noch so mancher zu spüren bekommen. Bestimmt wird er sich auch gegen uns wenden, gegen mich und Deine Mutter, und es wird nicht immer leicht sein, aber das ist gut so.

Kann man einen Brief in Form eines Buches schreiben, um eine Lust zu erklären, nämlich die Lust des Lesens? Die Antwort steckt in der Existenz dieses Buches, das einen Versuch darstellt, Dir auf eine etwas andere Art die Geschichte vom Marienkäfer zu erzählen. Im Grunde gibt es zwischen dieser Geschichte und denen, die ich Dir erzählen werde, keinen großen Unterschied. Dumbo kann am Ende fliegen und flieht vor dem Hohngelächter im Zirkus. Rudy verdient viel Geld auf Kosten von Crudelia Demon und gründet eine Dalmatinerzucht. Und Captain Hook wird auf ewig vom Krokodil verfolgt, das nie vergessen kann, wie gut ihm seine Hand geschmeckt hatte. Diese Geschichten werden sich mit anderen vermischen, und vielleicht wirst Du Peter Pan später einmal durch Stephen Dedalus ersetzen. Aber sehr viel wahrscheinlicher ist, daß Du sie neben- und miteinander leben läßt in einem Spiel der Erinnerung, das Dich manchmal selbst verblüffen wird. Keine Angst: Je mehr Verwirrung Du anrichten wirst, je mehr die Autoren sich in Deinem Kopf vermischen und die Jahrhunderte durcheinandergeraten und die Buchtitel und die Inhalte, desto mehr wirst Du verstanden haben. Und wenn es Dir passiert, daß Dich der neueste Hit aus den Charts, der dümmste von allen, an ein Fragment von Heraklit erinnert, dann wird das bedeuten, daß Deine Bildung nichts mehr zu fürchten braucht.

Ich hatte im Gymnasium einen Englischlehrer, bei dem ich nie sehr gut Englisch gelernt habe, der mir aber beigebracht hat, was eigentlich Literatur ist, und das hat er gemacht, ohne sich um deren vermeintliche Heiligkeit zu kümmern und ohne sich auf eine höhere Stufe zu stellen. Er trat vor eine Klasse von lauter Fünfzehnjährigen und fragte: »Habt ihr jemals von Doktor Johnson gehört?« Er meinte Samuel Johnson. Er meinte mehr noch die Biographie von James Boswell: gut tausend Seiten. Niemand von uns kannte das *Leben des Dr. Samuel Johnson.* Aber das Tolle an diesem Lehrer war, daß er uns dazu brachte, solche Bücher zu lesen, und zwar ohne daß er es ausdrücklich verlangte. Ich verdanke ihm die Lektüre vieler Bücher, die für mein Leben wichtig geworden sind, aber was noch viel wichtiger ist, ich verdanke ihm eine wunderbare Methode. Ich sehe ihn noch vor mir: die dicke Hornbrille, das angegraute Haar und den unvermeidlichen grauen Anzug. Er rauchte, damals rauchte man. Er trat vor die Klasse und sah uns mit ironischer Miene an. »Kennen Sie Joyce? Nein? Sie Ignorant.« Er sagte das scherzhaft und benutzte das Wort Ignorant in seinem ursprünglichen Sinn, nicht als Schimpfwort. Ein Ignorant ist einer, der etwas ignoriert, das heißt, der es nicht kennt, der nichts davon weiß. Wir ignorierten die Existenz von Joyce, von Laurence Sterne und Virginia Woolf, wir wußten nichts von ihnen. Es sollte uns nützen, von einem Manne als Ignoranten traktiert zu werden, der etwas von Mäeutik, von Hebammenkunst verstand. Mit fünfzehn las ich Joyce, Eliots *Waste Land* und vieles andere mehr. Es war meine erste geistige Erziehung. Und ich erinnere mich noch, mit welcher Erregung ich das Vergnügen entdeckte, über die »unvermeidliche Modalität des Sichtbaren« zu räsonieren, über die Frage, was eine Epiphanie ist, und über die Tempuswechsel in Virginia Woolfs *Zum Leuchtturm*. Es hat mir genützt. Die Lust an der Interpretation, die wildeste, die, die den Spott jener Leute hervorruft, die im Grunde keine Bücher mögen – diese Lust habe ich im richtigen Alter ausgelebt, als Heranwachsender. Ab und zu werde ich gefragt, ob man lernen kann, klar und deutlich zu schreiben. Meine Antwort lautet: Einfachheit ist eine ständige intellektuelle Übung, eine mentale Gymnastik.

»Habt ihr jemals von Doktor Johnson gehört?« fragte mein alter Englischlehrer in den siebziger Jahren. Ich gebrauche das Adjektiv »alt« hier im selben Sinn, in dem es Coleridge für seinen »alten« Seemann gebraucht hat. Es gibt ein Gedicht mit dem Titel *The Rime of the*

Ancient Mariner (»Die Weise vom alten Seemann«), das von dem englischen Romantiker Samuel Taylor Coleridge stammt. Manche haben den Titel so übersetzt, als hieße es darin »the *Old* Mariner« (»La ballata del vecchio marinaio«), aber das ist falsch. Coleridges »ancient mariner« ist ein zeitloser Seemann, so alt und so heutig wie eine Klippe im Meer. Alt im Sinne von *old* oder *vecchio* ist etwas weniger klar Definierbares: Ein alt gewordener Seemann ist immer noch ein Mensch der Gegenwart, er wird sich verändern, alles ist noch im Fluß. Deshalb ist es ein Fehler, *ancient* mit *vecchio* zu übersetzen. Eines Tages wirst Du begreifen, Francesco, daß Dichtung ein Spiel mit Verweisen ist und daß auch die Titel genau beachtet sein wollen. Ich werde später darauf zurückkommen, wenn ich Dir von T. S. Eliot erzähle.

Aber ich war bei meinem Englischlehrer und Doktor Johnson stehengeblieben. Sicher, es ist lange her, und ich weiß nicht einmal, ob er es war, der mir das wenige, was ich von Literatur weiß, beigebracht hat, oder ob ich es ihm nachträglich zuschreibe, als wäre er ein stellenweise leeres Gefäß. Ob ich mein bißchen Wissen wirklich zur Gänze von ihm habe oder ob ich seinem Konto auch das gutschreibe, was ich später dazugelernt habe, indem ich ihm sozusagen die Zinsen des Kapitals überweise, für das er den Grundstock gelegt hat. Aber das ist wohl auch nicht weiter wichtig, ich wünschte mir nur, daß auch Du eines Tages solch einen Lehrer bekommst, einem solchen Lehrer begegnest. Einem Lehrer, der weiß, was »unterrichten« heißt, noch ehe es um den Stoff des Unterrichts geht; einem Lehrer, der weiß, was »lehren« heißt, noch ehe es um das Lehrfach geht.

Er war und ist (heute lehrt er nicht mehr) ein Intellektueller, wie ich nur ganz wenigen begegnet bin. Und ich kann sagen, daß meine Arbeit mich in den letzten Jahren mit der Blüte der italienischen Intelligenz in Kontakt gebracht hat. Er war Kommunist (wer weiß, ob er's immer noch ist). Ein ketzerischer Kommunist natürlich. Libertär gesinnt, aber mit eigenartigen Blockaden, die nur aus dem kalten Krieg zu erklären sind. Einmal nahm ich an einem Schülerstreik nicht teil und erschien im Unterricht. Er setzte sich hinter sein Pult, sah mich erstaunt an und fragte, wieso in aller Welt ich zum Unterricht gekommen sei. Ich sagte, ich sei mit dem Streik nicht einverstanden. Darauf er in strengem Ton: »Erinnern Sie sich an die Worte Lenins: Besser mit der Partei irren als gegen die Partei recht haben.« Ich würde diesen Satz nicht einmal unter der Folter unterschreiben, aber er gehört zu einer Welt, die mir heute fehlt. Zur Welt der intellektuellen Strenge, zur Welt eines Mannes, der uns aufforderte, den Chomsky der *Aspekte der Syntaxtheorie* zu lesen, zur Welt eines Mannes, der uns Jungen mit »Sie« anredete, obwohl wir gerade erst der Pubertät entwachsen waren.

Heute, lieber Francesco, vermisse ich Leute wie ihn, die von einem Thema zum anderen schweifen können, ohne dabei das geistige Niveau absinken zu lassen. Ich hoffe, daß Du auch solch ein Glück haben wirst, denn nur Leute wie er können Dir begreiflich machen, daß die Literatur, der Traum, von dem wir in diesem Buch sprechen werden, nicht nur ein intellektuelles Spiel ist, sondern das einzige Mittel, die Welt zu verstehen, das einzige, sie durch die Brille der Mehrdeutigkeit zu sehen, die heute außer Gebrauch gekommen ist.

Fall nicht darauf rein, Francesco, sie werden Dir einzureden versuchen, das Leben sei komplexer als die Literatur. Das ist nicht wahr: Prousts literarische Welt ist unendlich viel komplexer als die reale. Leopold Blooms Tag in Dublin ist etwas ganz anderes als der Tag irgendeines wirklichen Dubliners, auch des gebildetsten. Die Literatur ist eine parallele Welt, in der die Bücher miteinander sprechen; um in sie hineinzugelangen, muß man einen Sprung machen, sich zu einer anderen Seite hinüberbegeben. Und danach ist die Rückkehr schwierig, denn die Figuren aus jener Welt werden weiter zu Dir sprechen, Dir Ratschläge geben, Dich Entscheidungen treffen lassen. Einer der Filme, die ich als Heranwachsender gesehen habe, war Woody Allens *Play it again, Sam.* Darin redet der von Woody Allen gespielte Typ andauernd mit dem Geist von Rick aus dem Film *Casablanca.* Er ist verklemmt und unsicher bei Frauen, aber er weiß, daß Rick ihm sagen wird, was er tun soll. Natürlich ist das ein Spiel mit Kinozitaten, eine komische Formel, um die linkische Schüchternheit des Woody-Typs zu verdeutlichen, aber wahr ist, daß die Literatur und das Leben so fest, so unauflöslich miteinander verwoben sind.

Übrigens machst Du ja selbst die Erfahrung, Du hast sie bereits gemacht. Du warst noch keine zwei Jahre alt, da hast Du das *Dschungelbuch* in etwas sehr Konkretes verwandelt. Deine Lieblingsfigur, der Elefant Oberst Hathi, existiert für Dich inzwischen real. Er ist der Elefant im Zoo von Rom, dem Du immer Nüsse hinwirfst (was man nicht tun soll). Der ist Hathi. Und der Tiger im Käfig nebenan ist Schir Khan. Sie sind aus einem Buch herausgetreten und dann aus einem Zeichentrickfilm, sind in den Zoo gelangt und dann wieder zurückgekehrt in ein Buch oder einen Film. Es macht keinen Unterschied, die parallelen Welten verflechten sich miteinander, um sich dann wieder zu trennen. Welcher Joyce-Leser hätte nicht, wenn er durch Dublin ging, wenigstens einen Moment lang geglaubt, einem Typ mit den Zügen von Stephen Dedalus zu begegnen? Und welches Kind hätte nicht gemeint, wenn es in einer lauen Sommernacht nicht einschlafen konnte, Peter Pans Segelschiff am Himmel zu sehen? Ich will Dir beibringen, dieses Schiff zu sehen, ich will dieses Buch schreiben, um Dir zu sagen, daß auch die ernsten Bücher, auch die für Erwachsene, auch die schwierigen, nichts anderes sind als verschleierte, hinter allerlei Masken verborgene Segelschiffe, die den gleichen Zauber wie Peter Pans Goldstaubschiff haben. Und noch eins mußt Du wissen, Francesco, merk es Dir: Trau denen, die gerne lesen, hab Vertrauen zu denen, die immer einen Gedichtband mit sich herumtragen. Und mißtraue denen, die Dir sagen, sie hätten keine Zeit zum Lesen, Lesen sei zwar gewiß etwas Schönes, und solange man jung sei, könne man lesen, aber dann … Sie lügen, die Literatur bedeutet ihnen gar nichts. Sie lügen und wissen es.

Aber lassen wir das, Francesco, und kommen wir auf jenes Segelschiff zurück, das Tinker Bell mit Goldstaub besprüht hat. Das ist auch eine Geschichte, die Du immer hören willst. Und Du willst von den Piraten hören, von Tigerlily, von Michael und Wendy und der Kindermädchen-Hündin Nana. Du hast oft sehr genaue Vorstellungen von den Geschichten, die Du hören willst. Mal ist es die von Dumbo, mal die von Rudy in

Pongo und Perdita, mal die von dem Menschenjungen im *Dschungelbuch*, aber immer öfter willst Du verwikkelte Geschichten, in denen zusammen mit Dumbo und Mama Jumbo auch Hathi und Pongo vorkommen und die Siamkatzen aus *Susi und Strolch*. Du machst etwas ganz Einfaches, Francesco: Du fängst an, die Bücher miteinander sprechen zu lassen. Genau das ist es, was die großen Kritiker tun, eines Tages wirst Du es begreifen: Sie bringen verschiedene Bücher in einen Zusammenhang miteinander, um mehr von der Welt zu verstehen. Sie suchen nach durchgehenden Indizien, sie stellen Beziehungen her, die vielleicht niemals zuvor existiert haben. Was, wenn Captain Hook dem einbeinigen John Silver begegnen würde? Oder dem Schwarzen Hund, der mehr Glück gehabt hat, denn ihm fehlen nur zwei Finger, während Captain Hook seine ganze Hand dem Krokodil lassen mußte. Ich werde Dir auch davon erzählen und noch vieles mehr.

Aber auch nicht zuviel, denn in diesem Buch wird nur von wenigen, sehr genau ausgewählten Büchern die Rede sein, die Dir, denke ich, eine andere Vorstellung von Literatur geben können, als man sie in der Schule lernt. Als erstes wird es um ein Buch von Robert Louis Stevenson gehen, um sein vielleicht berühmtestes: *Die Schatzinsel*. Alle denken, das sei ein Jugendbuch; es ist auch eins, aber nicht in dem Sinne, wie man meint. Nicht weil es einfach ist oder sonnig und klar, nicht weil es von Abenteuern erzählt, nicht weil es von Piraten handelt und von Kämpfen und geenterten Schiffen und auch nicht, weil es so spannend ist, daß man den Atem anhält. Nein, Francesco, *Die Schatzinsel* ist ein Jugendbuch, weil es lehrt, wie dünn und schwankend die Linie ist, die zwischen Gut und Böse trennt; und wie sehr das Abenteuer eine schmerzliche Erfahrung ist, die jedoch durchgemacht werden muß.

Dann werde ich Dir von einem anderen Autor erzählen, von einem aus unserer Zeit. Er ist ein bißchen seltsam, er schreibt englisch und heißt Jerome David Salinger. Ich werde über sein Buch *Der Fänger im Roggen* sprechen (das im Italienischen den Titel »Der junge Holden« bekommen hat), um Dir zu erklären, was Regelverletzung ist, aber auch, was Zärtlichkeit ist und wie Regelverletzung und Zärtlichkeit zusammengehen können (Du bist im Grunde ein zärtlicher Regelverletzer).

Und dann, wenn wir begriffen haben, was es heißt, zärtliche Regelverletzer zu sein, werden wir die Welt der Kindheit und Jugend verlassen, um in die der Dichtung einzutreten. Wir werden zwei Gedichte lesen, oder genauer, ein Gedicht und ein kurzes Epos, beide von einem Autor, der ebenfalls englisch schreibt, nämlich Thomas Stearns Eliot. Das Gedicht heißt *The Love Song of John Alfred Prufrock* und das kurze Epos *The Waste Land.* Du wirst verstehen, warum die Frauen aus dem Zimmer hinausgehen und wieder hereinkommen und dabei über Michelangelo reden und warum Madame Sosostris, die berühmte Kartenlegerin, als die weiseste Frau in Europa gilt. Du wirst verstehen, wie es dazu kommt, daß man etwas Wichtiges verlieren kann, daß man zu sprechen verlernt, daß einem die großen Dinge klein vorkommen und die kleinen so, als könnten sie das Universum erschüttern (»Do I dare disturbe the universe?« heißt ein Vers in diesem Gedicht: »Werde ich's wagen, das Universum zu stören?«).

Der letzte Autor, über den ich sprechen werde, ist vielleicht der komplexeste. Mit seiner Hilfe werde ich Dir das Schwierigste zu erklären versuchen: was Talent ist, oder genauer: was es heißt, begabt zu sein, vielleicht sogar hochbegabt, aber ohne wirklich Genie zu haben; wie mühsam es ist, sich mit anderen zu vergleichen; wie schwer, dem Mittelmaß zu entgehen, ohne die Demut aus dem Blick zu verlieren; und was Genie ist, und was Neid ist, und was die Musik ist, die große Musik. Diesmal ist der Autor ein Österreicher. Er heißt Thomas Bernhard. Das Buch heißt *Der Untergeher*. Darin wird von Glenn Gould die Rede sein, den Du schon hören gelernt hast, als Du noch ganz klein warst (»Papa, Bach«, sagst Du, wenn Du das »Italienische Konzert« hören willst). Und davon, wie das Talent zu einer Obsession werden kann.

Den Epilog will ich hier nicht vorwegnehmen, Francesco. Ich sage nur soviel: Ich werde Dir eine Geschichte erzählen, ein Märchen. Ich werde von einem Greis erzählen, der in ein Schloß kommt, und von vielen Personen, die im Schloßhof sitzen, um sich eine außergewöhnliche Lektion über Literatur, die Welt und die Welt der Literatur anzuhören … Bestimmt werden sie keine Summe ziehen: In der Literatur gibt es keine Summen, in der Literatur ist nichts endgültig. Alles bleibt mehrdeutig, alles fließt. Ein und dasselbe Buch ist niemals dasselbe. Deshalb ist Wiederlesen manchmal sogar noch spannender, als etwas völlig Neues zu lesen, das wirst Du bald begreifen. Versuchen wir uns zunächst einmal zu erinnern: Wie fing die Geschichte vom Marienkäfer an? Der Anfang ist jedesmal anders, das weißt Du bereits. Diesmal geht er so: »Ich erinnere mich noch, als wäre es gestern gewesen, wie er schwerfällig zur Tür hereingestapft kam, seine Seekiste auf einem Schubkarren hinter sich. Ein großer, stämmiger, tiefbraun gebrannter Mann mit einem schmierigen Zopf, der ihm auf die Schultern seines schmuddligen blauen Rockes fiel ...«

Die Beunruhigung

Manchmal hast Du Angst, Francesco, obwohl man nicht behaupten kann, daß Du ein ängstliches Kind wärst. Manchmal bittest Du mich, Dich zu begleiten, nimmst meine Hand und sagst ein bißchen beklommen: »Komm, Papa.« Du traust Dich nicht allein in ein dunkles Zimmer oder möchtest, daß ich mit Dir zusammen ans Ende des Korridors gehe. Ich versuche Dir zu erklären, daß man keine Angst zu haben braucht, ich fordere Dich auf, Deinen Mut zu erproben, aber ich dränge Dich nicht, denn eine gewisse Portion Angst wird Dir guttun: Sie wird Dir helfen und Dich stärker machen, wenn Du groß bist. Besonders wenn Deine Ängste vernünftig sind und wenn Du es schaffst, sie zu überwinden, ohne sie einfach beiseite zu schieben. Wenn Du meine Hand nimmst und mich ans Ende des Korridors ziehst, willst Du, daß ich Dich an einen Ort voller Abenteuer begleite, zu einer anderen Seite. Du willst sehen, was passiert. Du bist noch so klein, daß Deine ferne Insel, auf der alles passieren kann, die Küche oder das dunkle Arbeitszimmer sein können. Aber in jener Küche oder jenem Arbeitszimmer gibt es eine Welt, mit der Du wirst rechnen müssen; dort werden die Piraten sein. Du könntest in unvorhergesehene Fallen geraten. An den allerfernsten Orten macht man die Abrechnung mit dem Leben. Es ist kein Zufall, daß

Jim Hawkins seine Geschichte mit dem Satz beginnt: »Ich erinnere mich noch, als wäre es gestern gewesen.« Was einen am stärksten beeindruckt hat, das bleibt einem im Gedächtnis, ohne zu verblassen oder zu verschwimmen. Es ist immer präsent, wie die schönsten Erinnerungen oder wie Alpträume.

Die Schatzinsel ist die Geschichte eines Alptraums: eines Alptraums in starken Farben, eines exotischen Alptraums, eines Alptraums voller Abenteuer, aber eben doch eines Alptraums. Man wird Dir sagen, es handle sich um ein Jugendbuch. Wir haben zu Hause viele Ausgaben davon, einige mit Illustrationen, auch eine alte Ausgabe, die Deine Mutter bei einem Antiquar in Bologna gefunden und mir mit einer wunderschönen Widmung geschenkt hat. Du wirst sie bald sehen und wirst Dich auf den ersten Blick davon überzeugen, daß es eine Piratengeschichte ist. Und Piratengeschichten gefallen kleinen Jungen. Dann wirst Du allmählich eine leichte Beunruhigung verspüren, die gleiche, die den Leser erfaßt, wenn er Henry James' Novelle *Die Drehung der Schraube* liest. Nur ist Stevenson nicht so direkt, Du wirst Dich darin üben müssen, zwischen den Zeilen zu lesen. Die beiden Kinder in James' langer Erzählung haben ein finsteres Schicksal, man ahnt gleich, daß es schlimm ausgehen wird. In der *Schatzinsel* geht alles flott voran, und die negativen Figuren, die schrecklichen, verschwinden schon in den ersten Kapiteln, was alle täuscht. Als ich das Buch zum erstenmal las, noch als Kind, Francesco, da fürchtete ich mich vor den falschen Leuten. Mein Alptraum war, dem blinden Pew zu begegnen. Auch Du wirst beeindruckt sein, wenn Du zu dem Kapitel gelangst, das mit »Der schwarze Fleck«

überschrieben ist. Jim Hawkins ist ein sympathischer Junge, er hat immer ganz normal gelebt, ohne sich große Sorgen zu machen. Bis eines Tages dieser Käpt'n in der Tür steht, mit seinem schmierigen Zopf, seiner Kiste, seinem Messer und diesem unheimlichen Lied:

Fuffzehn Mann auf des Totenmanns Kist',
Jo-hoo, und 'ne Buddel voll Rum!
Sauft, und der Teufel besorgt euch den Rest,
Jo-hoo, und 'ne Buddel voll Rum!

Das ist kein schönes Lied, Francesco, aber die Piraten, die echten, machen auch keine Scherze. Sie sind grausam, so grausam, daß sie vor lauter Grausamkeit schließlich blöde werden. Und sie sind schwach und habgierig, wie man sich's schlimmer nicht vorstellen kann. Das muß auch Jim gemerkt haben, als er jenen Mann in der Tür erblickt, dessen Hände »schwielig und narbenbedeckt« waren, wie es bei Stevenson heißt, »mit schwarzen, abgebrochenen Nägeln, und der Säbelhieb quer über seine Wange war von einem schmutzigen, fahlen Weiß«. Es ist Bill, der alte Seebär, der »Käpt'n«, wie er sich nennen läßt. Bill ist ein ziemlich heruntergekommener alter Seebär, er hat unter Kapitän Flint gedient, dem meistgefürchteten aller Piraten, und er ist im Besitz einer sehr wichtigen Karte, die zu Flints vergrabenem Schatz führt. Außer den anderen Piraten weiß das niemand. Schon gar nicht Jim und seine Eltern, die den Gasthof »Admiral Benbow« führen. Der neue Gast bringt das normale Leben einer Familie im England zu Anfang des 17. Jahrhunderts ganz schön durcheinander. Er trinkt zuviel, er bezahlt nicht, und er neigt zur Gewalttätigkeit.

Es sind die ersten Seiten, Francesco, die dazu dienen, unsere Vorstellungen zu verwirren. Der furchterregende »Käpt'n« kündigt sich in seiner ganzen polternden und aufgeblasenen Banalität an. Er ist die Karikatur eines Piraten. Oder besser gesagt: er soll so erscheinen. Als er den Bogen zu überspannen versucht, eines Abends, an dem er noch mehr Rum als sonst getrunken hat, wird er von Doktor Livesey zuerst bedroht und dann zum Schweigen gebracht. Bill Bones ist nur ein Mittel, das benötigt wird, damit Jim zu einem Mann heranreift, das heißt, damit er die für einen Heranwachsenden unvermeidlichen Schmerzen und Verluste erleidet. Kurz nach Bills Ankunft wird Jims Vater krank; bald darauf stirbt er, und im Gasthof wird alles noch schwieriger. Jim und seine Mutter haben immer größere Mühe, einen so unbequemen Gast wie den Käpt'n zu ertragen. Auch weil seit einiger Zeit diese Besuche angefangen haben: zuerst der Schwarze Hund und dann Pew.

Vorhin habe ich von Gut und Böse gesprochen, Francesco, und habe Dir angedeutet, warum dieses Buch eine Art Initiationsreise ist. Eine schwierige Reise, die viele Personen ins Spiel bringt: Hauptpersonen, die scheinbar Nebenpersonen sind, und umgekehrt. Ein Buch, das nicht die Geradlinigkeit, die scheinbare Einfachheit gewisser orientalisch angehauchter Initiationsgeschichten hat. Wenn Du groß bist, wirst Du auch Bücher wie *Le Mont Analogue* von René Daumal lesen und begreifen, daß es viele Arten gibt, die Hindernisse zu überwinden, die das Leben uns in den Weg legt: manchmal indem man stur geradeaus geht, Schritt für Schritt, aber es können auch andere Gangarten sein, solche, die im Zickzack verlaufen oder bei denen man scheinbar zwei Schritte vor und einen zurück macht und zwischendurch abschweift. So machen es die Bücher, Francesco: Sie schweifen ab, sie sprechen von anderen Dingen, und dann kehren sie zum Hauptthema zurück und sind ein Stück weitergekommen. *Die Schatzinsel* ist die Geschichte einer Reise, die sich am Ende als sehr verschieden von derjenigen herausstellt, die sie anfangs zu sein versprach. Sie ist das Ende der Naivität. Insofern ist sie tatsächlich ein Jugendbuch, das heißt ein Buch für Jugendliche, die, nachdem sie es gelesen haben – und wenn sie es *gut* gelesen haben –, ein bißchen größer geworden sind. Auch wenn es dazu vielleicht nicht genügt, es nur einmal zu lesen.

Als Kind hatte ich Angst vor Pew und nicht vor John Silver oder Bill Bones. Ich hatte Angst vor dem Blinden und vor dem Schwarzen Hund. Stevenson versteht es hervorragend, uns auf falsche Fährten zu locken, uns und vor allem Jim Hawkins. Lassen wir ihn selber sprechen: »Gegen drei Uhr an einem bitterkalten und nebligen Nachmittag stand ich einen Moment in der Tür ... als ich jemanden langsam die Straße heraufkommen sah. Er war offensichtlich blind, denn er tappte mit einem Stock vor sich her und trug einen großen grünen Schirm über Augen und Nase; er ging gebeugt wie von Alter oder Schwäche und trug einen weiten alten, zerschlissenen Seemannsmantel mit einer Kapuze, der ihn geradezu verwachsen aussehen ließ. Nie im Leben hatte ich eine unheimlichere Gestalt gesehen.«

Nie im Leben hatte ich eine unheimlichere Gestalt gesehen. Die Erzählung hat undeutliche, verschwimmende Konturen. Es ist bitter kalt und neblig. Der Mann sieht verwachsen aus. Jim steht in der Haustür. Der Mann bittet um Hilfe, er tut so, als ob er nicht wüßte, wo er sich befindet. Jim sagt es ihm: »Ihr seid beim ›Admiral Benbow‹.« Darauf der Fremde, honigsüß: »Ich höre eine Stimme, eine junge Stimme. Würdest du mir deine Hand geben, mein guter Junge, und mich hineinführen?« Die Spannung ist groß. Der Fremde ist eine unheimliche Gestalt, das wissen wir schon. Wir wissen auch, daß jemand nach Bill sucht, aber wir wissen noch nicht, daß es um eine Karte geht, auf der verzeichnet ist, wo der Piratenschatz liegt. Aber der blinde Pew ist da, um uns die Dummheit des Bösen anzukündigen. Die Blödheit der Niedertracht. Stevenson läßt uns keine Atempause und fährt fort: »Ich reichte ihm die Hand, und die schreckliche, augenlose Kreatur mit der sanften Stimme packte sie blitzschnell wie eine Zange. Ich war so erschrocken, daß ich mich loszureißen versuchte, aber der Blinde zog mich mit einem einzigen heftigen Ruck zu sich hin. ›Und jetzt, Junge, bring mich zum Käpt'n.‹«

Alles geht sehr schnell. Das Register wechselt. Erst das langsame Tappen des Stockes, die sanfte Stimme des Blinden und die junge Stimme, die ihm antwortet. Dann die Zange, der heftige Ruck. Das wird Dich erschrecken, Francesco, so wie es mich erschreckt hat. Und danach wird es sogar noch schlimmer, denn auf die schwache Weigerung des Jungen (»Ehrenwort, Sir, ich wage es nicht«) wird Pew sehr böse: »›Oha‹, sagte er höhnisch, ›so steht es also! Sofort bringst du mich hinein, oder ich breche dir den Arm.‹ Und dabei verdrehte er mir den Arm so heftig, daß ich aufschrie. ›Sir‹, sagte ich, ›um Euretwillen wage ich's nicht. Der Käpt'n ist nicht mehr so, wie er früher war. Er sitzt mit einem blanken Entermesser da. Ein anderer Gentleman ...‹ – ›Vorwärts, marsch‹, unterbrach er mich, und nie hatte ich eine so grausame, kalte und böse Stimme gehört.«

Halten wir hier an, Francesco. Pew ist ein fürchterlicher Pirat, der sein Augenlicht bei derselben Piratenaktion verloren hat, bei der John Silver sein Bein verlor. Sie gehörten beide zur Mannschaft von Flint, dessen Name auch viele Jahre nach seinem Tod noch Angst und Schrecken hervorruft. Jetzt will Pew zusammen mit seinen Kumpanen das Gold wiederhaben, um jeden Preis. Er hat alles durchgebracht, was ihm von seinem Piratenleben geblieben war, und nun lebt er vom Betteln wie sein Kumpan Schwarzer Hund, der zwei Finger seiner linken Hand verloren hat. Finstere Gestalten. Jim ist ein Junge, er hat noch nie solche Leute gesehen. Aber dies sind echte Piraten, Francesco, nicht solche wie Captain Hook. Ihre Piraterien haben sie verstümmelt und tiefe Wunden hinterlassen, manchmal noch tiefere als die in der Seele. Pew übergibt Bill den »schwarzen Fleck«, eine Art Warnung, ein Ultimatum, bei dessen Anblick der Käpt'n erbleicht und, wie vom Schlag getroffen, tot zu Boden fällt. Der Rum hat ihn umgebracht, aber auch die Angst. Von diesem Moment an beginnt das Abenteuer, von diesem Moment an hat Jim keine andere Wahl, wenn er erwachsen werden will, als zur Schatzinsel zu fahren, John Silver kennenzulernen, zu begreifen, was Doppelzüngigkeit ist, und nach Hause zurückzukehren mit dem Geräusch der Brandung in den Ohren. Als erstes muß er die Kiste des Käpt'ns durchsuchen, nachdem er die Tür des Gasthofs verriegelt hat. Und er muß es mit der Angst tun, die einem wie ein Kloß im Hals sitzt, um zu begreifen, daß die ganze Angst wegen jener finsteren Gestalten fast grundlos war. Jim und seine Mutter sind gerade dabei, das Geld abzuzählen, das der Käpt'n ihnen schuldete, »da legte ich ihr plötzlich die Hand auf den Arm; denn ich hatte in der stillen, frostklaren Luft ein Geräusch gehört, das mir das Herz im Halse schlagen ließ – das Tappen des Blindenstocks auf der hartgefrorenen Straße. Es kam näher und näher, während wir mit angehaltenem Atem dasaßen. Dann klopfte es laut an die Tür, und wir hörten, wie die Klinke niedergedrückt wurde und wie der Riegel klirrte, als der unheimliche Besucher einzudringen versuchte ...« Er ist wiedergekommen in der Eiseskälte, er hat die Tür einzudrücken versucht, aber der Riegel hat gehalten, und da ist er wieder gegangen. Jetzt haben Jim und seine Mutter keine Zeit mehr: Er wird wiederkommen, diesmal mit anderen Piraten, er wird herumbrüllen und befehlen, alles zu durchsuchen. Jim und seine Mutter können gerade noch rechtzeitig fliehen, und wütend schreit der Blinde, als er Flints Karte nicht finden kann: »Das war dieser Junge. Ha, zum Teufel mit ihm, hätte ich ihm doch die Augen ausgekratzt!«

Hab keine Angst, Francesco, Typen wie Pew enden, wie sie es verdient haben: Er wird von den Reitern, die aus dem Dorf zu Hilfe kommen, niedergeritten und unter den Pferdehufen zertreten. Er war zu dumm. Aber Jim versteht das nicht, er ist noch zu jung, um sich über etwas so Schreckliches und Subtiles wie das, was man »Grausamkeit« nennt, Rechenschaft abzulegen, er ist noch ein halbes Kind. Allerdings hatte ihn der Käpt'n gewarnt: »Eines Tages hatte er mich beiseite genommen und mir für jeden Monatsersten ein silbernes Vierpencestück versprochen, wenn ich ›die Augen offenhielte nach einem Seemann mit nur einem Bein‹ und ihm sofort Bescheid sagte, falls ein solcher auftauchen würde ... Ich brauche nicht zu erzählen, wie dieser Einbeinige mich in meinen Träumen verfolgte. In stürmischen Nächten, wenn der Wind an den vier Ecken des Hauses rüttelte und die Brandung in der Bucht und an den Klippen tobte, sah ich ihn in tausend Gestalten mit tausend teuflischen Fratzen. Bald war sein Bein in Kniehöhe abgeschnitten, bald an der Hüfte; bald war er eine Art Monster, das schon immer nur ein Bein gehabt hatte, und dieses eine in der Mitte des Körpers ...«

Jims Ensetzen vor dem einbeinigen Seemann verblaßt jedoch angesichts dessen, was wir »die Wirklichkeit« nennen könnten. Zuerst ist es der Schwarze Hund, »bleich und talgig«, dann der schreckliche Pew. Als es Jim schließlich gelingt, die Karte dem Doktor und dem adligen Herrn Trelawney zu zeigen, wird allen klar, daß es die Karte einer Insel ist, auf der ein Schatz vergraben liegt. Ein Schiff wird ausgerüstet, gute Matrosen werden angeheuert, und als Jim im Hafen von Bristol eintrifft, wird er beauftragt, einen gewissen John Silver aufzusuchen. Und auch an dieser Stelle wird ihm nicht klar, wen er da vor sich hat. Jims Naivität ist wirklich bemerkenswert. »Um die Wahrheit zu sagen, schon bei der ersten Erwähnung des langen John Silver ... war mir die Befürchtung gekommen, daß es sich um jenen Seemann mit nur einem Bein handeln könnte, nach dem ich im alten ›Benbow‹ so lange Ausschau gehalten hatte. Aber ein Blick auf den Mann vor mir genügte. Ich hatte den Käpt'n, den Schwarzen Hund und den blinden Pew gesehen und glaubte zu wissen, wie ein Pirat aussieht. Ganz anders, meinte ich jedenfalls, als dieser saubere und gutgelaunte Gastwirt.«

So geht es, Francesco, so geht es immer: Der Teufel präsentiert sich immer in der Maske des Guten, er täuscht uns. Das Böse, würde ein Prediger donnern, ist subtiler als der Schrecken, als die Gespenster und die Alpträume, die bei Nacht umgehen. Nein, Francesco, glaub nicht an diese Dinge: Du mußt vor niemandem Angst haben und darfst niemandem grundlos mißtrauen. Aber wenn Du wirklich dazu gezwungen wirst (und manchmal wirst Du das werden, auch wenn ich's Dir und mir wahrhaftig nicht wünsche), dann hüte Dich vor Leuten wie John Silver. Das lehrt Dich Stevenson, und er lehrt Dich noch einiges mehr. Wir kommen darauf zurück, wart's ab.

Wir waren bei Jim stehengeblieben, wie er sich in Bristol an den Geräuschen und Gerüchen des Hafens ergötzte, bereit, sich auf der *Hispaniola* einzuschiffen, jenem großen Segelschiff, das ihn auf die Schatzinsel bringen soll. Er ist verwirrt und erregt; vor der Abreise hat er sich von seiner Mutter verabschiedet, obwohl er noch gar nicht weiß, daß Reisen Trennungen sind; aber so ist es, Francesco, als Heranwachsender ist man immer allein. Dann legt die *Hispaniola* ab, die Mannschaft ist komplett. Wir wissen inzwischen, daß diese Matrosen Piraten sind, Piraten, die kapiert haben, wer die Karte des Schatzes besitzt. Stevenson gibt es auf jeder Seite zu verstehen, und so steigert sich von Seite zu Seite die Spannung. Dem Kapitän des Schiffes schwant etwas. Ihm mißfällt diese Mannschaft, die er sich nicht ausgesucht hat. Daher bittet er um eine Unterredung mit Doktor Livesey und Herrn Trelawney, um ihnen seine

Zweifel zu unterbreiten. Aber die beiden betrachten ihn als einen albernen Schwätzer. Dagegen singen sie Loblieder auf John Silver, den sie für einen ehrlichen und vertrauenswürdigen Mann halten. Wie wir wissen, ist genau das Gegenteil der Fall. Aber hier stellt Stevenson ein altes Sprichwort auf den Kopf, nämlich daß der Schein trügt. Irrtum, diesmal besagt der Schein, daß jene allzu sorglos angeheuerten Matrosen Piraten sind. Und daß der Kapitän des Schiffes, der sich wegen der Mannschaft so große Sorgen macht, ein ehrlicher Mann ist. Aber niemand will das begreifen, denn es geht nur darum, endlich loszufahren, da man um jeden Preis auf die Insel will. Es ist nicht Hast, sondern Notwendigkeit. Es ist nicht die Gier nach dem Schatz, sondern das Bedürfnis, einen Kreis sich schließen zu lassen.

Aber nun paß auf, Francesco. Viele Seiten lang habe ich Dich durch das begleitet, was die weniger aufmerksamen Kritiker eine Abenteuergeschichte nennen – womit sie nur eine Ebene erfassen, nämlich die der voraussehbaren, aber auch spannendsten Erzählung. Jetzt werde ich versuchen, die Angst durch die Beunruhigung zu ersetzen und die kindlichen Schreckgespenster in etwas eher Erwachsenes zu verwandeln. Jim Hawkins hört bald auf, naiv zu sein. Es geschieht beinahe zufällig, als er auf der Suche nach einem Apfel in eine leere Tonne geklettert ist. Dort wird er Zeuge einer schrecklichen Unterhaltung. Wir sind noch nicht einmal über das erste Drittel des Buches hinaus, und das Register wechselt erneut.

»›Nein, nicht ich‹, sagte Silver, ›Flint war der Kapitän; ich war bloß Steuermannsmaat, wegen meinem Holzbein. Dieselbe Breitseite, bei der ich mein Bein verlor, hat Pew seine Augen gekostet. Es war ein studierter Chirurg, der's mir amputiert hat – Universität und alles, eimerweise Latein und was nicht noch. Trotzdem ist er gehängt worden wie ein Hund und in der Sonne gedörrt worden wie all die anderen bei Corso Castle.‹«

So gibt sich John Silver, der schurkische Long John Silver, zu erkennen. Er versucht, einen »ehrlichen« Matrosen zu überzeugen, nein, er hat ihn bereits überzeugt und erzählt ihm nun zur Belohnung von seinen Großtaten aus dem Piratenleben. Es ist bemerkenswert, wie sich die Kinderwelt hier mit einem Schlag in eine Erwachsenenwelt verwandelt. Plötzlich ist es eine Welt, in welcher der gutmütige John Silver seine Verachtung für alles und jeden bekundet, auch für jenen Chirurgen, den sein Latein und sein Studium nicht davor bewahren konnten, in der Sonne von Corso Castle zu verdorren. Eine Welt, in der zwischen Seeräubern und braven Leuten nicht einmal mehr eine noch so dünne Trennlinie verläuft, in der es überhaupt nichts mehr gibt, was sie trennt, in der alles korrupt und verdorben sein kann und die Meuterei immer näher rückt. Tja, und siehst Du, Francesco, so ist es auch im realen Leben. Das Schwierige ist, auf einer Straße zu fahren, auf der es nicht immer einen Mittelstreifen gibt. Und bei Silver gibt es keinen. Hör Dir an, was er seinem jungen Bewunderer sagt – er, der so lange Pirat gewesen war und so viele Kameraden am gelben Fieber, am Rum und an den Entbehrungen hat sterben sehen: »Zuerst bin ich mit England gefahren und dann mit Flint, das ist meine ganze Geschichte; und jetzt bin ich hier sozusagen auf eigene Rechnung unterwegs. Ich habe mir neunhundert Pfund aus meiner Zeit mit England auf die hohe Kante gelegt und zweitausend aus meiner Zeit mit Flint. Nicht übel für'n Vorschiffmann, und alles sicher auf der Bank. Nicht das Verdienen ist das Problem, aufs Sparen kommt's an heutzutage, das kannst du mir glauben.«

Wo sind sie hin, die großen Piraten vom Schlage Flints und des Schwarzen Hundes? Und der englische Nebel und die fürchterlichen Flüche von Pew? Zum Schweigen gebracht unter den Hufen der Pferde. Und was ist aus Bills Warnung geworden: »Hüte dich vor einem Seemann mit nur einem Bein.«? Und aus Jims Alpträumen, in denen er sich den Einbeinigen als ein Monsterwesen mit einem Bein in der Mitte vorgestellt hatte? Wer ist dieser Silver, der da sagt: Aufs Sparen kommt's an? Und doch war er ein Pirat unter Flint, dem meistgefürchteten Freibeuter der sieben Meere. Wie viele Schiffe mag er geentert haben? Und wie viele Männer hat er hängen gesehen, und wie viele hat er eigenhändig mit seinem Dolch erstochen, und was für ein höhnisches Grinsen ging dabei über sein Schweinebraten-Gesicht? (»Schweinebraten« war sein Spitzname bei den Piraten). Tja, Francesco, hättest Du gedacht, daß der Mann, den der wüste Käpt'n Bill Bones am meisten gefürchtet hatte, einer war, der sagte: Aufs Sparen kommt's an? Nein. Aber große Literatur lehrt auch das.

Sie lehrt, daß die Erwachsenenwelten grausam und öde sind und daß das Böse von Natur aus dumm ist; daß die Verbrecher und Betrüger nur dann groß werden können, wenn sie auf eine gewisse kleinbürgerliche Art die Kontrolle behalten, auf eine kleinbürgerliche Art in der Lage sind, die Buchhaltung ihres Lebens zu führen. So fragt sich Silver: »Wo sind all die Männer Englands heute geblieben? Ich weiß es nicht. Und die von Flint?

Nun, die meisten sind hier an Bord und froh, daß sie was zu fressen kriegen – manche von ihnen haben vorher drum betteln müssen. Der alte Pew, der sein Augenlicht verloren hatte und es als eine Schande angesehen hätte, der hat zwölfhundert Pfund im Jahr verjubelt, wie ein Lord im Parlament. Und wo ist er jetzt? Tot und begraben ist er. Aber in seinen zwei letzten Jahren hat er gehungert. Er hat gebettelt und gestohlen und Hälse abgeschnitten, und trotzdem hat er gehungert!«

Verstehst Du jetzt, Francesco, warum *Die Schatzinsel* ein so wichtiges Buch ist? Weil es Dich lehrt, daß Abenteuer nichts anderes sind als Riten des Übergangs, daß die Abenteuer des Lebens nicht dazu dienen, etwas Neues zu entdecken, daß sie nicht zum Phantastischen oder zum Traum gehören, sondern einem dazu verhelfen, erwachsen zu werden, koste es, was es wolle. Jim kostet es eine Menge: Er lernt die Gewalt kennen, die Grausamkeit und den Verrat; er kriegt es mit der eigenen Unschlüssigkeit zu tun, mit Schuldgefühlen. Und schließlich, das Wichtigste von allem: Er erlebt die Doppelzüngigkeit, die Ambivalenz. Er erfährt, daß alles an einem Faden hängt, aber daß dieser Faden, was viele lieber verschweigen, von niemandem gezogen wird, er ist ein zufälliger Faden. Ich habe diese Reise mit Dir absichtlich bei Stevenson angefangen, bei seinem düstersten und scheinbar vergnüglichsten und spannendsten Buch. Als Jim auf die Insel gelangt, ist er sehr beeindruckt. Es ist ein sehr glücklicher Augenblick, er scheint am Ziel zu sein, dabei ist er erst am Anfang. »Zum ersten Mal empfand ich Entdeckerfreude. Die Insel war unbewohnt; meine Bootskameraden hatte ich hinter mir gelassen, und vor mir war nichts Lebendiges außer stummen Tieren und Vögeln ...« Die Beschreibung ist lang und detailreich, aber sie wird allmählich immer dramatischer: »Auf einmal begann sich zwischen den Schilfbüscheln etwas zu regen ... Sofort sagte ich mir, daß wohl einige meiner Bootskameraden am Rande des Sumpfes näher kamen. Und ich täuschte mich nicht, denn bald hörte ich den noch sehr fernen und leisen Klang einer menschlichen Stimme ... Eine zweite Stimme antwortete, dann hob wieder die erste an, die ich nun als die Stimme von Silver erkannte ...« Es ist also Silver, der einen der wenigen ehrlich gebliebenen Matrosen zu überreden versucht, auf seine Seite überzuwechseln. Er drängt ihn, er warnt ihn: Es sei doch alles schon entschieden, sein Widerstand habe doch gar keinen Sinn mehr. Aber Tom, so heißt der Matrose, gibt seinem Drängen nicht nach. »O nein! So wahr Gott mich sieht, lieber würde ich eine Hand verlieren. Wenn ich meine Pflicht vergäße ...« Silver tötet ihn. Mit seinem Messer, nachdem er ihn mit seiner Krücke von hinten niedergestreckt hat. Und nachdem er ihn angesehen hat mit einem Blick, »die Augen klein wie Stecknadelköpfe in dem breiten Gesicht, aber funkelnd wie Glassplitter«. Dem Blick des Hasses.

Jim schwinden die Sinne. »Ich weiß nicht genau, was Ohnmacht ist, aber ich weiß, daß für eine Weile die ganze Welt vor meinen Augen in einem strudelnden Nebel verschwamm. Silver und die Vögel und der hohe Gipfel des ›Fernrohrs‹ drehten sich wirbelnd im Kreise ... Alles andere war unverändert, die Sonne schien immer noch gnadenlos auf das dampfende Moor und den hohen Gipfel des Berges; und ich konnte es noch kaum fassen, daß da wirklich ein Mord begangen worden war ...«

Ich habe oft an diese Seite gedacht. Ich habe *Die Schatzinsel* wohl ein dutzendmal gelesen, in verschiedenen Lebensaltern. Und diesen Ausdruck, diese Augen wie Stecknadelköpfe habe ich nie vergessen. Schon als Kind habe ich gespürt, daß die Gewalt ein solches Gesicht haben mußte. Und es frappiert mich noch immer, daß »hinterher« alles unverändert ist und die Sonne genauso weiterscheint. Alles fließt: auch die Verbrechen. Und die dramatischsten Ereignisse brauchen keine andere Zeit als all die anderen, die normalen. Was das bedeutet?

Das bedeutet, Francesco, daß Du diese Gewalt oft sehen wirst, zu oft. Zum Beispiel im Fernsehen, auch wenn Deine Mutter und ich versuchen werden, es zu verhindern. Du wirst sie sehen, wenn Du mit der Fernbedienung herumzappst. Vor Deinen Augen werden schreckliche Gesichter erscheinen, Gesichter mit blutunterlaufenen Augen. Es wird Dir immer wieder passieren, daß Du Dir wenig erbauliche amerikanische Fernsehfilme ansiehst. Aber das wird nicht dasselbe sein. Deine Phantasie wird sich nicht selbständig machen, Du wirst Dir nichts über das hinaus vorstellen, was Du siehst. Es wird alles an der Oberfläche bleiben. Die *Schatzinsel* ist schon oft verfilmt worden, und oft wurden diese Filme auch im Fernsehen gezeigt. Ich erinnere mich an einen; ich erinnere mich, daß John Silver blond und sehr flink mit seiner Krücke zugange war und Jim munter und abenteuerlustig und Doktor Livesey achtunggebietend, ruhig und sehr bestimmt. Alles entsprach weitgehend meinen Vorstellungen. Aber etwas stimmte nicht: In Romanen riecht man die Gerüche, in Filmen nicht. Als Doktor Livesey die Insel betrachtet, »schnupperte er wie jemand, der ein faules Ei riecht. ›Ich verstehe nichts von Schätzen‹, sagte er, ›aber ich wette meine Perücke, daß es hier Fieber gibt.‹« Jawohl, Francesco, diesen »eigentümlich dumpfen Geruch von verfaulten Blättern und vermoderten Baumstümpfen«, den gibt Dir kein Film. Das wirst Du bald lernen, denke ich.

Aber kehren wir zurück zu Jim. Er wird ohnmächtig, und er wird erwachsen. Er zusammen mit allen anderen. Aber noch vor den anderen. An Lobliedern auf John Silver hat es nicht gefehlt, er gilt als der einzige Vertrauenswürdige und Ehrliche in der ganzen Mannschaft, niemand hätte an seiner Verläßlichkeit zweifeln können. Und Jim gegenüber benimmt er sich höflich und liebenswürdig. Stets hat er ein freundliches und ehrerbietiges Wort für jeden. Er ist außerordentlich in seiner Schläue und seinem Opportunismus. Stevenson versteht es meisterhaft, im richtigen Moment das Register zu wechseln. In kürzester Zeit verwandelt er ihn in ein Ungeheuer. Zunächst enthüllt er ihn uns als Schurken und macht uns zu Mitwissern seiner Taten. Aber gleichzeitig sorgt er dafür, daß seine Verbrechen mit einer Kälte und einem Zynismus erzählt werden, die das Grauen verbergen. Erst als die Karten aufgedeckt werden, erst als das Schiff zur Insel gelangt, zum wahren Schauplatz des Romans, sehen wir sein Messer aufblitzen, ebenso wie seine Augen.

Ich habe eben gesagt, daß die Insel ein Schauplatz, eine Theaterbühne ist: Alles vollzieht sich an jenem Ort zwischen steilen Bergen und fauligen Sümpfen, in denen das Fieber herrscht. Jim hat nur ein paar Minuten Zeit zum Umherstreifen, schon kommt es zur ersten der vielen Tragödien. Trotzdem wird gerade Jims Abenteuerlust, sein unbedachtes Draufgängertum, seinen Gefährten das Leben retten: den wenigen Ehrlichen, den wenigen, die nicht zur Flotte des berüchtigten Flint gehörten. Dennoch wird Jim die Bitterkeit der unvollendeten Dinge bleiben, auch wenn das Abenteuer vorbei ist, auch wenn der Schatz gefunden ist und die Piraten besiegt worden sind. Noch viele Jahre danach wird dieses Abenteuer eine Art tiefsitzende Angst in ihm auslösen und die Insel der Ort eines Alptraums bleiben. Warum? Vielleicht weil die Piraten ihn beinahe umgebracht hätten? Oder weil er entdecken mußte, daß Abenteuer eine eher gefährliche als vergnügliche Angelegenheit sind? Nein, Francesco: Weil am Ende alle Mosaiksteinchen ihren Platz gefunden haben, außer einem. Ich habe John Silver einmal im Scherz mit dem Grafen von Saint Germain verglichen: Wie jener scheint er aus dem Nichts aufzutauchen, und wie jener verschwindet er alterslos im Nichts. Er könnte auch der zu den Sterblichen niedergestiegene Teufel sein. John Silver ist unberechenbar, er ist der Mann, der dafür sorgt, daß die Rechnungen nicht aufgehen. Er ist sympathisch und grausam, er versteht es meisterhaft, die Karten im letzten Moment neu zu mischen, er könnte jeden verraten: seine Gefährten, um zu seinen Feinden überzuwechseln, aber ebenso dann auch seine Feinde. Und das alles kann in wenigen Augenblicken geschehen, in einem Aufblitzen, Du kannst es am Ausdruck seiner Augen erkennen.

Du wirst lesen, Francesco, daß es auf der Schatzinsel zu einem erbitterten Kampf kommt, in dem die Fronten ständig wechseln: Erst steht Silver an der Spitze der Piraten, dann wird Jim von ihnen gefangengenommen, dann wird er wieder von Silver beschützt. Und Du wirst viele Seiten über Jim lesen, wie er in der Strömung abtreibt mit dem Kanu von Ben Gunn, dem Inselmenschen, und wie er an Bord der *Hispaniola* mit dem dort Wache haltenden Matrosen kämpft und ihn schließlich besiegt. Obwohl Jims Pistolen naß geworden sind und er an der Schulter eine schmerzende Wunde von einem Dolchstoß hat. All das wirst Du lesen, aber zwei wirklich wichtige Aspekte darfst Du dabei nicht übersehen.

Erinnerst Du Dich an die Pythonschlange Kaa im *Dschungelbuch* und wie sie Mogli und Baghira hypnotisierte? Gut, behalte sie im Kopf, am Ende der *Schatzinsel* werden sich alle Themen miteinander vermischen, sogar die Magie wird gestreift, Gespenster und alte Erinnerungen werden heraufbeschworen, Missetaten und Morde, aber trotzdem wird dieser Silver zurückbleiben, nüchtern und klarsichtig, um eine schwierige Situation meisterhaft zu bewältigen.

Wir sind im letzten Akt: John Silver scheint gesiegt zu haben. Er hat die Karte der Insel mit den Angaben zur Lage des Schatzes. Doktor Livesey, Herr Trelawney und einige wenige ehrliche Männer scheinen verschwunden zu sein. Jim ist Silvers Gefangener. Frühmorgens machen sich die Piraten mit ihm auf den Weg zu dem Ort, wo der alte Flint seinen unermeßlichen Schatz vergraben hat, die Frucht Hunderter von Raubzügen. »So waren wir etwa eine halbe Meile gegangen und näherten uns dem Rand des Plateaus, als der Mann auf dem äußersten linken Flügel plötzlich laut zu schreien anfing, als ob er heftig erschrocken wäre. Er schrie weiter, so daß die anderen zu ihm hinüberzulaufen begannen.« Der Mann schreit so, weil er ein menschliches Skelett gefunden hat. Es scheint das Skelett eines Piraten zu sein. Seine Lage ist unnatürlich: »Der Mann lag vollkommen gerade da.« Silver ahnt gleich, daß dieses Skelett nicht zufällig an dieser Stelle so liegt. Seine Lage zeigt an, in welcher Richtung der Schatz zu finden ist. »Flint. Das ist einer von seinen Späßen, kein Zweifel«, sagt Silver. »Er und diese sechs waren allein hier. Er hat sie umgebracht, einen nach dem andern, und diesen hat er hierher getragen und nach dem Kompaß hingelegt, bei meiner Seele!« Jetzt kriegen alle Angst. Die Piraten sind wie die Kinder, zu Tode erschrocken denken sie alle plötzlich wieder an Flint und verlieren völlig den Kopf. Morgan, einer von ihnen, sagt: »Ich hab' ihn tot daliegen sehen mit diesen meinen Augen. Billy hatte mich reingeführt. Da lag er und hatte Pennystücke auf den Augen.« Und ein anderer: »Tot ist er, jawohl, ganz sicherlich tot und zur Hölle gefahren. Aber wenn je ein Geist umgehen würde, dann wär's der von Flint. Meine Güte, 'nen schlimmen Tod hat er gehabt, der alte Flint!« Und ein dritter fügt hinzu: »Ja wirklich, das hat er. Mal hat er getobt, und mal hat er nach Rum geschrien, und dann hat er wieder gesungen. ›Fuffzehn Mann‹, das war sein einziges Lied, und ich sag' euch die Wahrheit, ich hab's nie mehr hören mögen seitdem.«

Siehst Du, Francesco, wie die Piraten sind? Sie reden immer nur von Geld. Und wenn ihr großer Häuptling stirbt (heute würden wir sagen: ihr mythischer), legen sie ihm Geldstücke auf die Augen. Hüte Dich vor denen, die zuviel ans Geld denken, oft sind es Piraten, und nicht mal sehr gut verkleidete. Und sie fürchten sich sogar vor Gespenstern. Jim, der ihre erschrockenen Reden mit angehört hat, kommentiert spöttisch: »Die Piraten ... gingen Seite an Seite und sprachen mit verhaltenem Atem. Der Schreck des toten Freibeuters war ihnen in die Glieder gefahren.«

So war's wohl. Und im nächsten Kapitel vollbringt Stevenson das Meisterstück, dem Roman einen überraschenden Schluß zu verpassen. In Wirklichkeit ist nämlich der Schatz nicht mehr da, wo er sein sollte. Ben Gunn hat ihn fortgeschleppt, einer von Flints Piraten, der vor Jahren auf der Insel ausgesetzt worden war. Doktor Livesey und die anderen wissen es; deswegen haben sie ihren Feinden die Karte gegeben, aus der hervorgeht, wo der Schatz liegt. Silver ahnt es schon, Jim kapiert es nicht. Aber da ertönt plötzlich aus den Bäumen eine seltsame Stimme, »dünn, hoch und zittrig«, und sie singt die berühmten Worte:

Fuffzehn Mann auf des Totenmanns Kist',
Jo-hoo, und 'ne Buddel voll Rum!

Die Piraten erschrecken zutiefst. Einer schreit auf: Das ist Flint! Die hohe Stimme ist die von Ben Gunn, der den Schatz Doktor Livesey anvertraut hat und nun die letzten noch übriggebliebenen Piraten in die Falle lokken will. Zusammen mit ihm warten Livesey, Trelawney und ein paar andere mit schußbereiten Gewehren. Die Stimme aus den Bäumen tut ihre Wirkung, auch weil sie Namen und Episoden erwähnt, die nur die Piraten kennen können. Doch der Schreck dauert nicht lange: Silver erkennt Ben Gunns Stimme, und die Piraten fassen sich wieder. Es ist also nicht Flints Geist, der sie verflucht; und so gewinnt der Gedanke an das Geld allmählich wieder die Oberhand, der Gedanke an die siebenhunderttausend Pfund in Gold, die da irgendwo vergraben sein müssen. Und die Angst vor dem Übernatürlichen weicht der Habgier. Stevenson ist hier sehr deutlich: »Je näher sie kamen, desto mehr verschluckte der Gedanke an das Geld alle ihre vorherigen Ängste. Ihre Augen brannten, ihre Schritte wurden schneller und leichter, mit ganzem Herzen hingen sie an diesem Vermögen, an diesem Leben voller Vergnügen und Luxus, das da auf jeden von ihnen wartete.« Alle außer John Silver, dem überschlauen John Silver? Wo denkst Du hin, Francesco. Auch der umsichtigste der Piraten, der ein Hirn hat und der »reden kann wie ein gedrucktes Buch«, auch der »humpelte keuchend auf seiner Krücke voran; bebend blähten sich seine Nüstern; er fluchte wie ein Verrückter, wenn die Fliegen sich auf sein erhitztes, schweißglänzendes Gesicht setzten ... und von Zeit zu Zeit wandte er sich mit einem mordgierigen Blick zu mir um ... In der unmittelbaren Nähe des Goldes war alles übrige vergessen; sein Versprechen und die Warnung des Doktors gehörten der Vergangenheit an, und ich konnte nicht daran zweifeln, daß er hoffte, sich des Schatzes zu bemächtigen, die *Hispaniola* zu finden, im Schutze der Nacht an Bord zu gehen, nachdem er jedem ehrlichen Mann auf der Insel die Kehle durchgeschnitten hatte, und davonzusegeln, wie ursprünglich geplant, beladen mit Verbrechen und Reichtum.« Doch die makabre Illusion hat bald ein Ende: Ein unterdrückter Schrei ertönt vor einer leeren Grube, in der sich nur noch der Stiel einer zerbrochenen Hacke und die verstreuten Bretter mehrerer Kisten finden. Kein einziges von Kapitän Flints siebenhunderttausend Pfund ist mehr da. Und nun kommt der überraschende Schluß.

»Nie in der Welt hat es solch einen Stimmungsumschwung gegeben. Jeder der sechs Männer stand da wie vor den Kopf gestoßen. Aber Silver erholte sich fast augenblicklich von dem Schlag. Jeder seiner Gedanken war mit vollen Segeln wie eine Rennjacht auf das Geld gerichtet gewesen, und nun war er zwar eine Sekunde lang wie betäubt, aber er behielt einen klaren Kopf, fand seine Ruhe wieder und änderte seinen Plan, noch ehe die anderen Zeit gehabt hatten, sich ihrer Enttäuschung innezuwerden.« Wirklich ein ungewöhnlicher Mensch, dieser Long John, Du wirst ein Gemisch aus Bewunderung und Schrecken für ihn empfinden. Du wirst von seinem Genie angezogen sein und zugleich versuchen, seine schlimmsten Seiten zu vergessen. Im Leben ist es manchmal sehr schwierig, lieber Francesco, der Versuchung zum Bewundern nicht zu erliegen, und doch ist es wichtig. Aber John Silver ist nicht nur ein Schurke, er ist nicht nur ein Verbrecher, der auch sympathisch zu sein versteht, und er ist auch nicht nur ein banaler Verräter, ein Wendehals von der übelsten Sorte. John Silver ist mehr: Er ist das Leben, er ist die Welt, die ihr wahres Gesicht enthüllt; er ist die Beunruhigung, die Komplexität, die vierte Dimension, die Morallosigkeit, die im Wasser der Wohlanständigkeit dümpelt, ohne darin unterzugehen. Als er sieht, daß der Schatz nicht mehr da ist, sagt er leise zu Jim: »Nimm das, und mach dich auf Sturm gefaßt« und gibt ihm eine doppelläufige Pistole. »Er sah nun ganz freundlich aus, und ich war so empört über diesen ständigen Wechsel, daß ich mir nicht verkneifen konnte zu flüstern: ›Dann habt Ihr also schon wieder die Seite gewechselt!‹«

Es ist der x-te Seitenwechsel. Der letzte, oder beinahe. Jim ist empört darüber. Auch Du wärst an seiner Stelle empört gewesen. Wer die Seite wechselt, wer Verrat begeht, wer zur Gegenpartei überläuft, gilt gewöhnlich als wetterwendischer Mensch. Aber verlaß Dich nicht auf den Schein: John Silver ist ein Regisseur. Er ist kein Opfer. Er hinkt nicht hinter den Siegern her. Er kapiert als erster, was los ist, und sorgt dafür, daß die Sieger ihm folgen. Deswegen darfst Du Typen wie ihm nicht trauen, Francesco. Auch wenn Du nur wenigen von seiner Sorte begegnen wirst. Denn die Welt besteht aus Leuten, die sehr viel mittelmäßiger sind, sehr anders als Silver und sehr viel eher wie die blöden Piraten, die drittklassigen Schufte und Räuber, die unfähig sind, irgendeine Entscheidung von sich aus zu treffen. Silver verachtet sie: »Buddelt nur weiter, Jungs«, sagt er höhnisch zu seinen Gefährten, die enttäuscht die leere Grube durchwühlen, »vielleicht findet ihr noch ein paar Erdnüsse. Sollte mich nicht wundern.« Ich brauche Dir nicht zu sagen, wie es endet, Francesco. John Silver und Jim stehen allein den wütenden Piraten gegenüber, die den Schatz nicht gefunden haben; aber dank der Hilfe von Doktor Livesey und seinen Leuten können die beiden sich retten. Durch den Eingriff dieser in jeder Hinsicht besser Bewaffneten werden die vier Hohlköpfe von Piraten in die Flucht geschlagen.

Es konnte nicht anders enden, nicht wahr, Francesco? Am Ende mußten die Guten über die Bösen siegen, die Ehrlichen über die Piraten. Auch wenn es ein teuer bezahlter Sieg war. Aber sei Dir auch diesmal nicht allzu sicher. Hör zu, wie es wirklich endet. Lassen wir noch einmal Stevenson selber sprechen oder vielmehr eine seiner Personen, den Herrn Trelawney:

»›John Silver‹, sagte er, ›Ihr seid ein abgefeimter Schurke und Betrüger, ein Erzbetrüger, Sir. Man hat mir gesagt, ich solle Euch nicht verfolgen. Nun denn, ich werde es nicht tun. Aber die Toten, Sir, die hängen wie Mühlsteine an Eurem Hals.‹« Und was antwortet Silver darauf? Er sagt genau das, was vorauszusehen war: »›Recht herzlichen Dank, Sir‹, erwiderte Long John und salutierte erneut.«

John Silver hat gewonnen, Francesco: Typen wie er gewinnen immer, vorausgesetzt, daß sie sich dann aus dem Staub machen. Bleib ihnen fern, wenn Du kannst. Aber der Kampf mit Leuten wie ihnen ist niemals leicht. Der Kampf gegen die Zweideutigkeit, gegen den dunkelsten Teil der Existenz, den, der nicht in starken Farben und klaren Linien gezeichnet ist, ist immer der schwerste. Am Abend, als die abenteuerliche Geschichte der Schatzsuche zu Ende ist, sitzen die wenigen Überlebenden fröhlich beim Essen. Die Geschichte ist alles in allem gut ausgegangen. John Silver hat sich rasch wieder eingefügt: »Melde mich zum Dienst zurück, Sir«, hat er zum Kapitän gesagt, und dann beim Essen »saß er im Hintergrund, fast außerhalb des Feuerscheins, aß aber mit gutem Appetit und war jederzeit bereit aufzuspringen, wenn etwas gebraucht wurde, und er stimmte sogar leise in unser Gelächter mit ein – derselbe geschmeidige, höfliche, dienstbereite Seemann, der er auf der Herfahrt gewesen war.«

Kein Geschichtsbuch, keine Abhandlung, keine noch so gründliche Untersuchung kann Dir mehr über die menschliche Seele sagen, Francesco; kein Fernsehen kann sie Dir besser vorführen, auch nicht, wenn die Bilder in den Nachrichten stark und bewegend sind.

Manchmal können Bilder zusammen mit Musik Dir Emotionen vermitteln, aber Literatur ist etwas anderes. Vorgestern haben wir zusammen ferngesehen, an einem etwas schläfrigen Sonntagnachmittag. Im ersten Programm gab es ein Konzert: Mozarts Requiem, übertragen aus Sarajevo, aus der zerstörten Bibliothek von Sarajevo. Der Dirigent war Zubin Mehta. Du bist wie gebannt stehengeblieben. Sie spielten gerade das »Confutatis«. Eine halbe Stunde lang hast Du Dich nicht vom Fleck gerührt. Und als die Musik aufhörte, hast Du mich gefragt: »Papa, lalla-la?« Sollte heißen: Wann geht die Musik weiter? Es klang ein bißchen besorgt. Etwas Außerordentliches war geschehen: Du wolltest Dich um keinen Preis von den Bildern des Orchesters und des Chors und von dieser Musik trennen, aber auch nicht von den anderen Bildern, die darübergelegt worden waren: von denen der Kinder aus Mostar, aus Sarajevo und denen der bosnischen Frauen. Was magst Du mit Deinen erst zweieinhalb Jahren von all dem verstanden haben? Was magst Du in jenem »Lacrimosa« gehört haben? Ich weiß es nicht. Ich weiß nur, daß Sarajevo voll von Leuten wie Pew und Schwarzer Hund ist, die auf so seltene und gefährliche Individuen wie John Silver hören. Die Pews und die Schwarzen Hunde werden am Ende vor Gericht gestellt und verurteilt werden. Und das wird Gerechtigkeit sein. Aber die John Silvers werden sich irgendwie aus der Affäre ziehen.

Auch Stevenson hat das gewußt, und deswegen läßt er seinen John Silver am Ende entkommen, unterstützt von Ben Gunn, der zu ihm ein von tiefer Ehrfurcht, wenn nicht von Schrecken erfülltes Verhältnis hat: »Er hatte ein Auge zugedrückt, als die Flucht mit einem

Boot erfolgt war, und er versicherte uns, daß er es getan habe, um unser Leben zu retten, das sicher gefährdet gewesen wäre, wenn ›der Mann mit nur einem Bein‹ an Bord geblieben wäre. Aber das war noch nicht alles. Silver war nicht mit leeren Händen geflohen. Er hatte heimlich ein Schott durchgesägt und einen der Säcke mit Münzen im Wert von vielleicht drei- bis vierhundert Guineen mitgehen lassen, als Wegzehrung für seine künftigen Wanderungen.«

John Silver verschwindet mit einem Teil der Beute, wenn auch nur einem kleinen. Das ist das letzte, was wir von ihm erfahren. »Von Silver haben wir niemals wieder gehört. Dieser schreckliche Seemann mit nur einem Bein ist schließlich ganz aus meinem Leben verschwunden«, sagt Jim am Ende. Wir sind auf der letzten Seite des Romans angelangt, auf der, die den Gemeinplatz aufhebt, der seit jeher über diesem Buch liegt. Jims Abenteuer ist zu Ende, Gott sei Dank. Er weiß es, und er weiß auch, daß er für sein Erwachsenwerden einen teuren Preis bezahlt hat. Die Insel, die allen wie ein Ort aus einem Traum erschienen war, ist fern. Und Jim hat keine Zweifel: »Keine zehn Pferde würden mich nochmals zu dieser verfluchten Insel zurückbringen; und die schlimmsten Träume, die ich je habe, sind die, wenn ich die Brandung an ihre Küsten tosen höre oder wenn ich aus dem Schlaf auffahre und mir die schrille Stimme von Kapitän Flint noch im Ohr gellt: ›Piaster! Piaster!‹« Sei nicht verwundert, Francesco, der Kapitän Flint, der hier »Piaster« schreit, ist diesmal der Papagei von John Silver, der nach dem gefürchteten Piraten benannt worden ist. Und die Piaster sind Goldstücke, die die Piraten nach ihren blutigen Raubzügen zählten: Silvers Papagei wiederholt nur die Worte, die er dauernd gehört hat. Aber achte einmal auf die anderen Worte, auf die von Jim, wenn er »keine zehn Pferde« sagt und »diese verfluchte Insel« und »die schlimmsten Träume«. Und wenn er davon spricht, daß er »plötzlich aus dem Schlaf auffährt«. Der letzte Satz des Romans besagt eine Menge und läßt keine Unklarheiten. Jims Abenteuer ist zu Ende. Sein Leben wird von nun an so wie das aller anderen sein. Er wird seine Kindheit hinter sich lassen, als ob sie eine Krankheit wäre, die man durchmachen muß. Und vielleicht hat er sich nicht einmal bewußtgemacht, wie wichtig es für ihn war, auf der Schatzinsel leben gelernt zu haben. Daß Jim und seine Freunde sich retten konnten, lag auch an seiner Unbedachtheit – und er selber macht sich das klar, er fühlt es, er spricht von seinen »verrückten Ideen, die so viel dazu beigetragen haben, unser Leben zu retten«. Es werden noch viele verrückte Ideen sein, die ihm in den Sinn kommen. Und es ist ein Glück, daß sie ihm in den Sinn gekommen waren. Vielleicht war die Naivität eines Jungen nötig, um sich vor der Mordlust und Habgier der Piraten zu retten. Das ist eine Frage, die zu beantworten ich Dir überlasse, lieber Francesco. Aber die verrückten Ideen sind die der Kindheit und Jugend. Danach bleibt nur eine Insel, und die ist verflucht. Und ein Mann: ein Seemann mit nur einem Bein, der schlimmste von allen, und der macht sich aus dem Staub. Lerne, Francesco. Lerne von diesen Abenteuern und von diesen verrückten Ideen. Aber sei Dir darüber im klaren: Wenn Du groß bist, wirst Du nicht der Schatzinsel nachtrauern können. Aber Du wirst vielleicht anderen Dingen nachtrauern …

Die Zärtlichkeit

Es gibt eine eigenartige Geschichte, Francesco, die von weit her kommt. Eine Geschichte, die von Kindern handelt. Von Kindern, die in einem großen Roggenfeld spielen, das am Rand eines Abgrunds liegt. Sie spielen glücklich und wissen nicht, daß ganz in der Nähe Gefahr lauert. Immer wieder droht eines der Kinder – und es sind viele – hinunterzustürzen. In dem Moment greift jemand ein: der Fänger im Roggen, *the Catcher in the Rye*. Er fängt das Kind im Fluge auf und rettet es vor dem Absturz. Es ist eine eigenartige Geschichte, denn sie geht auf einen verstümmelten Vers von Robert Burns zurück, der ein großer schottischer Dichter war, auf die verworrenen Erinnerungen einer Romanfigur, auf die Genialität eines amerikanischen Autors namens Jerome David Salinger. Im vorigen Kapitel habe ich Dir erzählt, warum wir uns im Leben ständig auf des Messers Schneide bewegen, warum wir ständig schwanken zwischen dem, was richtig, und dem, was falsch ist. Ich habe Dir von John Silver, dem langen John Silver erzählt, von Pew, vom Schwarzen Hund und von Doktor Livesey. Ich habe versucht, Dich vor den gefährlichsten Menschen zu warnen – vor denen, die sich nicht durch die gewohnten Verhaltensmuster zu erkennen geben. Jetzt möchte ich gern, daß Du wieder ein bißchen Vertrauen schöpfst. Du mußt nämlich wissen, Francesco:

Es kann immer einen Fänger geben, der wachsam und geistesgegenwärtig genug ist, Dich aufzufangen, wenn Du beim Spielen im Roggenfeld über die Kante zu stürzen drohst, denn auf dem Grund der Schlucht leben Leute wie John Silver.

The Catcher in the Rye ist der Originaltitel dieses sehr berühmten Romans von J. D. Salinger. Ins Italienische ließ sich dieser Titel nicht wörtlich übersetzen, man hätte ihn nicht verstanden, er ist zu beziehungsreich, das Wortspiel ist zu komplex. Der *Catcher* ist auch ein bestimmter Spieler im Baseball, dem populärsten Mannschaftsspiel in Amerika, und *Rye* bedeutet nicht nur Roggen, sondern ist auch eine Whiskeysorte. Man hätte also, wie der italienische Verleger erklärt hat, den Titel genausogut mit *Il terzino nella grappa* wiedergeben können (also etwa »Der Mittelverteidiger im Schnaps«). So bekam Salingers Buch im Italienischen einen Titel, der nun gewiß keine Mehrdeutigkeit zuläßt, nämlich *Il giovane Holden* (»Der junge Holden«). Aber es war ein Fehler, einen so neutralen Titel zu wählen, auch wenn dergleichen bei Übersetzungen literarischer Werke häufig vorkommt. Ich werde Dir später erklären, wie dieser Titel die verschiedenen Interpretationen des Romans beeinflußt hat. Erinnere Dich, daß ich zu Anfang gesagt habe: Bei Salingers Roman werden wir von Übertretung sprechen, von Regelverstoß und warum es nötig ist, gegen die Regeln zu verstoßen; aber am Ende werden wir begreifen, daß dieses Buch nicht bloß die Geschichte eines Jungen ist, der gegen alle Regeln verstoßen will, sondern mehr: nämlich die Geschichte eines Jungen, der, auf seine ironische Art, verloren in einer Welt voller Roggenfelder lebt, nahe an einem Abgrund, wo es jedoch nur wenige Fänger gibt. Es ist ein Buch über einen Heranwachsenden, der verzweifelt nach Großzügigkeit sucht, und es ist eine Streitschrift gegen den Egoismus, gegen eine unerträgliche Welt des Mittelmaßes, aufgemöbelt mit Großtuerei, mit einer Rhetorik, die nur dazu dient, Armseligkeiten aller Art zu bemänteln. Es ist ein großes Buch, Francesco, weil es – ein weiteres Mal – *einfach* geschrieben scheint. Aber trau nicht dem Schein, Francesco. Auch Salinger will zwischen den Zeilen gelesen werden, er verlangt viel Differenzierungsvermögen.

Also, was nun? Was ist Holden Caulfields Erzählung für eine Geschichte? Eine Art »Bildungsroman«: die Erzählung eines Erwachsenwerdens, das ganz ähnlich wie bei Jim Hawkins verläuft. Nur daß hier keine Piraten, keine grausamen Seeleute vorkommen, jedenfalls dem Anschein nach. Auch der Ort und die Zeit sind sehr verschieden: Dort waren wir in der Südsee und im kalten England, hier sind wir in Amerika, in New York; dort befanden wir uns im 18. Jahrhundert, hier am Anfang der fünfziger Jahre. Aber beides sind Abenteuerromane, mit einem Helden, der eine ganze Reihe von Prüfungen durchmachen muß und sich am Ende entschließt, sie zu erzählen. Es genügt allerdings ein Blick auf den Anfang, um zu sehen, daß Salingers Stil ganz anders ist: »Falls Sie wirklich meine Geschichte hören wollen, möchten Sie wahrscheinlich vor allem wissen, wo ich geboren bin und wie meine lausige Kindheit war und was meine Eltern gemacht hatten, bevor sie mich bekamen, und all dieses David-Copperfield-Zeug, aber ich habe keine Lust, es zu erzählen ...« Da hast Du den Regelverstoß, Francesco. Gleich am Anfang des Buches kommt er daher wie eine Ohrfeige. »Falls Sie wirklich meine Geschichte hören wollen« – so als wollte er sagen: Sind Sie sicher, daß Sie dieses Buch lesen wollen? Haben Sie nichts Besseres zu tun? Und weiter: »Dann möchten Sie wahrscheinlich vor allem wissen, wo ich geboren bin ...« Auch diesmal entdecken wir eine große Ironie gegenüber der Literatur, gegenüber all denen, die gerne erzählen. Erinnerst Du Dich an den Anfang der *Schatzinsel*, Francesco? Der ging so: »Gebeten von Baron Trelawny, von Doktor Livesey und vom Rest der Brigade, die Geschichte unseres Abenteuers auf der Schatzinsel mit allen Einzelheiten zu schreiben, ohne etwas auszulassen außer der Lage der Insel ... greife ich zur Feder im Jahre des Herrn 17.. und versetze mich zurück in die Zeit, als mein Vater ...« Ziemlicher Unterschied, nicht wahr? Und nicht nur im Stil. Auch in der Substanz. Holden Caulfield, der hier der Erzähler ist, hat das Bedürfnis, bevor er zu erzählen beginnt, sich von all dem zu distanzieren, was allgemein anerkannte, seriöse und im Grunde auch aufgeblasene Kultur ist.

Aber ich mache hier erst einmal halt und komme auf einen Vorfall zurück, der vor vielen Jahren geschehen ist. Erinnerst Du Dich an den alten Englischlehrer, von dem ich Dir erzählt habe? Gut, eines Tages kam er ins Klassenzimmer – es war ein moderner Schulraum mit Resopalbänken und einer Tafel an der Wand –, machte die üblichen Klassenbucheintragungen, nahm sich die Brille ab, schob die Hände in die Gesäßtaschen seiner Hose und stieg vom Katheder herab. Das war für uns das Zeichen, daß er an diesem Tag keinen Englischunterricht zu erteilen, sondern über Literatur zu reden gedachte, was öfter vorkam. »Habt ihr jemals von Jerome

David Salinger gehört?« fragte er mit seiner rauhen Stimme, die das Ergebnis zahlloser Gauloises ohne Filter war. Wir wußten damals noch nichts von Salinger, aber dieses Buch sollte uns bald sehr viel mehr beeindrucken als sein Autor, von dem es nur ein paar Jugendfotografien gab und der schon seit Jahren als Einsiedler in einem Wald irgendwo in New Hampshire lebte. Er war genau in dem Augenblick verschwunden, als die amerikanische Literaturwelt anfing, ihn als einen der größten lebenden Schriftsteller zu feiern – einfach so, von einem Tag auf den anderen, wie aus einer jungenhaften Laune heraus. Er schickte keine Zeile mehr an seinen Verleger, und er soll sogar ein paar Schrotschüsse auf die übliche übereifrige Reporter- und Fotografenmeute abgegeben haben.

Die Geschichte des Autors J. D. Salinger ist, seit er beschlossen hatte, nichts mehr zu veröffentlichen und keine Interviews zu geben, ein echtes Geheimnis, das keine Zeitung und keine Vermutung jemals, ich sage nicht aufdecken, sondern auch nur wird streifen können. Salinger schreibt noch heute, aber niemand weiß, was, und niemand weiß, warum er es tut, und natürlich weiß auch niemand, was mit jenen Seiten geschehen wird. Doch als Aldo (so hieß mein alter Englischlehrer) uns fragte, ob wir Jerome David Salinger kannten, stürzten wir uns auf die Lektüre jenes Buches mit dem großen blauen Quadrat auf dem Umschlag, der es einfach bloß neutral aussehen ließ und nicht die kleinste Information über den Autor gab, nicht einmal sein Geburtsjahr. Später erfuhr ich, daß der Autor selbst jede Information über sich in der ganzen Welt verboten hatte und auch nicht zuließ, daß Vorworte zu seinen Büchern geschrieben wurden. Wir, meine Schulkameraden und ich, lasen sein Buch 1977. Salinger hatte es 1950 geschrieben und 1951 veröffentlicht. Sechsundzwanzig Jahre vorher. Vor dem Vietnamkrieg, vor Präsident Kennedy, ja sogar noch vor Martin Luther Kings großem Traum. Und Malcolm X lag noch beinah in den Windeln. Ganz zu schweigen von der Universität Berkeley, die damals ein ganz braver Ort gewesen sein muß, mit lauter ordentlichen, anständig frisierten und krawattenbewehrten Studenten. Aber Holden war schon da, unverwechselbar und gut zu sehen – während Salinger anfing, in Deckung zu gehen, sich hinter ihm zu verstecken und an seiner Statt seine Figuren vorzuschicken: Phoebe, Seymour, Franny und Zooey; um Zeit zu gewinnen und sich aus dem Staub zu machen, während sie das Publikum unterhielten. Wie der Autor eines Theaterstücks, der sich im Schutz der Dunkelheit aus dem Saal schleicht, bevor das Schauspiel zu Ende ist.

Doch an jenen Vormittagen, als uns Aldo von Holden erzählte und vielleicht auch von Salinger – ich kann das heute nicht mehr auseinanderhalten, es kommt mir vor, als ob es Jahrhunderte her wäre, dabei sind es noch keine zwanzig Jahre –, waren wir fasziniert von der Lebendigkeit der Figur, von der Sprache, von einem Buch, das aus der Zukunft zu kommen schien, obwohl es aus der Vergangenheit kam. Und dabei hatten wir das Fehlen des Autors, seine »Verrücktheit«, noch gar nicht bemerkt. Wir hatten sie nicht bemerkt, weil wir sie nicht verstehen konnten. Als Heranwachsender hängt man mit allen Fasern an der Welt: Man möchte überall gleichzeitig sein, man ist der Allgegenwart auf der Spur wie ein Rutengänger dem Wasser, das er in der Wüste sucht. Was für ein seltsamer Heiliger mußte für uns dieser Salinger gewesen sein, der genau in dem Augenblick, als er Erfolg hatte, aus der Öffentlichkeit verschwand, um sich zu verstecken!

»Habt ihr jemals von Holden Caulfield gehört?« fragte unser Englischlehrer seine störrischsten Schüler. Er machte sich über sie lustig; er wußte, daß sie nichts wußten. Während sie, unempfänglich für seine Hebammenkunst, sicher nicht wußten, daß sie nichts wußten. Wir blickten mit einem Gefühl der Überlegenheit und einem Schuß Snobismus auf unsere Schulkameraden herab. Und das war richtig. Auch Salinger hätte es richtig gefunden, er, den seine New Yorker Schulkameraden mit folgenden Worten beschrieben: »Dieser gutaussehende, gewandte und feinsinnige New Yorker im schwarzen Chesterfield coat (komplett mit Samtkragen) ... so etwas hatten wir noch nie gesehen. Er machte den Eindruck, als sei er mehr als jeder von uns ›herumgekommen‹. Wir waren entzückt von seiner herben und sarkastischen Art ...«

Verstehst Du jetzt langsam, Francesco, warum ich Dir diese Geschichte erzähle? Begreifst Du, daß Bücher auf private Geschichten verweisen, daß sie wie Schwämme sind? Alle Bücher geben Dir diese Möglichkeit; alle Bücher sind Interpretationsmaschinen, die ein Bewußtsein haben, nämlich das Deine. Hierin liegt die Größe der Bücher: Sie wollen mehrmals gelesen werden, sie erschließen sich Dir nur, wenn Du den Schlüssel zu ihnen hast, nach dem Du suchen mußt oder den das Glück Dir plötzlich in die Hände legt, wenn Du es am wenigsten erwartest. Sie erschließen sich nicht allen; schon gar nicht denen, die sie nicht suchen. Es wird Dir passieren, daß Du es mit Büchern zu tun bekommst, die Dir verschlossen bleiben, zu denen Du den Schlüssel nicht findest. Mir ist das oft passiert. Ich habe sie dann weggelegt, auch wenn es bedeutende Bücher waren – *Madame Bovary* zum Beispiel oder *Der Leopard*. Und ich könnte Dir andere nennen. Das Leben besteht aus Offenbarungen, aus *Epiphanien*. Ich erzähle Dir hier von meinen Epiphanien. Und dazu gehört mit Sicherheit die Erinnerung an ein Buch (das ich dann später oft wiedergelesen habe), aber auch an die Umstände, unter denen ich dieses Buch zuerst gelesen habe. Holden war meine Jugend. Holden war meine Regelverletzung, Holden war für mich die Entdeckung des Sarkasmus und der Ironie. Mit ihm habe ich begriffen, daß die Welt aus sehr respektablen Leuten besteht, die allesamt ganz gewöhnlich sind, auch wenn sie gar nicht gewöhnlich aussehen, auch wenn sie den anderen ganz außergewöhnlich erscheinen.

Mit ihm habe ich begriffen, was Intelligenz ist. Und Neugier. Und auch: was eine Laune ist. Jene plötzliche Lust, jenes unbezähmbare Verlangen, alle zu verblüffen. Und zwar durch wirkliches Argumentieren. Wer hätte den Mut, auf einer Party zu behaupten, daß Flaubert ein minderbedeutender Schriftsteller ist? Oder Mozart ein überschätzter Komponist? Wer hätte den Mut, die Dürftigkeit der Prosa von Autoren wie Grazia Deledda zu unterstreichen, eine gewisse Banalität bei Dichtern wie Quasimodo oder die Eintönigkeit der Romane von Pier Paolo Pasolini? Niemand würde das tun. Seit Generationen bringt man uns bei, uns vor der allgemein anerkannten kulturellen Autorität zu verneigen. Die ja bekanntlich aus lauter Meisterwerken und höchst anregenden Büchern besteht. Und natürlich nur aus großen Autoren, in langer Reihe, einer nach dem anderen: A wie Ariost, B wie Balzac, C wie Calvino, D wie Dante … Alle gleich bedeutend und alle groß. Dabei hätte man schon manchmal Lust zu sagen, daß Shakespeares *Titus Andronicus* ruhig in Vergessenheit geraten könnte, daß Gianfranco Continis philologische Anmerkungen zu Montales *Ossi di seppia* (Anmerkungen, die sich über ein vergessenes Komma ergehen …) recht gleichgültig lassen können und jedenfalls nichts beitragen – dies ist sicher – zu einem besseren Textverständnis. Man *hätte* Lust, sage ich, denn Shakespeare ist schließlich Shakespeare, Contini ist Contini, und Dante ist ganz und gar unangreifbar, in allem, was er geschrieben hat, Gesang für Gesang, Terzine für Terzine, Reim für Reim. Wie etwas absolut Vollkommenes, das keinerlei Schwächen aufweist, denn Genies irren nie, und vor allem haben sie niemals Schwächen.

Alles verliert mit der Zeit an Bedeutung, Francesco. Wie bei den Ranglisten der Fußballklubs: Wenn sie kurz sind und alle sich an der Spitze drängen, verwechselt man sie. Die Geschichte der Literatur vermehrt die Zahl der Mitwirkenden von Halbjahr zu Halbjahr im Quadrat, und dabei verdrängt sie die altehrwürdigsten Mitglieder – also die Klassiker – immer mehr nach oben. Man wird Dir sagen, Francesco, daß Du die Klassiker lesen sollst, man wird Dich auffordern, die Klassiker nicht zu vernachlässigen, Dich ihrer Lektüre nicht »zu berauben«. In schwächeren Kulturen ist das geradezu eine Manie, laß Dich davon nicht beeindrucken. Lies, was Dir gefällt, es genügt, wenn Du eine Methode hast. Und hier kann Dir Holden tatsächlich helfen mit seiner Art, zu seinem Leser zu sprechen. Mit seiner Art, alles hinter sich zu verbrennen, auf einer einzigen Seite. Ich habe keine Lust, sagt er, das ganze David-Copperfield-Zeug zu erzählen, und er fügt gleich hinzu: »Erstens langweilt mich das alles, und zweitens bekämen meine Eltern pro Nase je zwei Schlaganfälle, wenn ich so persönliche Auskünfte über sie geben würde. Sie sind in der Hinsicht sehr empfindlich, besonders mein Vater. Sie sind sehr nette Leute und so – ich sage nichts gegen sie –, aber höllisch empfindlich. Außerdem will ich nicht meine ganze verdammte Autobiographie oder so was schreiben.«

Es handelt sich also um eine Geschichte, die Holden eigentlich gar nicht erzählen dürfte, weil sie nicht gut ist, weil der Moralismus der amerikanischen Gesellschaft es nicht erlaubt. Aber gleich darauf widerspricht er sich und schreibt: »Ich will nur die verrückten Sachen erzählen, die sich letztes Weihnachten abgespielt haben, bevor ich dann völlig zusammengeklappt bin und hierhergebracht wurde, um mich zu erholen. Das alles habe ich schon D. B. erzählt, der mein *Bruder* ist und so. Er ist in Hollywood.« D. B. schreibt Drehbücher, er verdient einen Haufen Geld. »Früher tat er das nicht. Als er noch bei uns zu Hause lebte, war er ein gewöhnlicher Schriftsteller. Er schrieb diesen fabelhaften Kurzgeschichtenband *Der geheime Goldfisch*, falls Sie je davon gehört haben. Die beste Geschichte darin hieß ›Der geheime Goldfisch‹. Sie handelt von diesem kleinen Kerl, der niemandem seinen Goldfisch zeigen wollte, weil er ihn von seinem eigenen Taschengeld gekauft hatte. Das hat mich umgehauen. Jetzt ist D. B. in Hollywood und prostituiert sich. Wenn mir etwas verhaßt ist, dann sind es die Filme. Ich will überhaupt nichts mit ihnen zu tun haben.«

Ich höre hier auf, Francesco. Holden läßt nichts ungeschoren. Auch nicht den Erfolg seines Bruders, der früher ein echter Schriftsteller war und sich jetzt in Hollywood »prostituiert«. Aber achte mal auf diese Prosa, Francesco. Sie hat bei aller Bissigkeit etwas Gemessenes, Abgewogenes. Etwas, das sehr schwer zu erreichen ist: eine scheinbare Einfachheit, eine scheinbare Naivität, die jedoch tiefe Leiden durchblicken läßt. So ist es immer bei großen Büchern: Dir scheint, daß alles mit Händen zu greifen sei, und dann merkst Du auf einmal, daß es mitnichten so ist. Um ein Bild aus dem Fußball zu nehmen: Es ist ein bißchen wie bei einem angeschnittenen Ball. Du meinst, er kommt direkt auf Dich zu und Du kannst ihn kriegen, und dann entgleitet er Dir. Genauso ist es bei Holden: Er ist nicht einfach ein sympathischer und respektloser großer Junge, er ist ein Typ, der Dir entgleitet, der sich Dir genau bei der Schlußabrechnung entzieht, wenn Du meinst, daß Du nun alles über ihn weißt. Ein solches Gefühl wird Dir auch im wirklichen Leben begegnen, mit Freunden, mit Frauen und so ... Ein gutes Zeichen, Francesco. Dieses Gefühl wird jenes Maß an Eingebildetheit zügeln, das alle Kinder und Jugendlichen haben; Du wirst begreifen, daß Dir der Sinn dessen, was Dir widerfährt, entgleiten kann, auch wenn Du es nicht für möglich hältst. So ist es auch bei guter Literatur: Du mußt ständig hinter ihr herlaufen, und das wird Dir guttun.

Auch den Personen Salingers wirst Du ständig hinterherlaufen müssen. Angefangen mit Holden, der, nachdem er verkündet hat, daß er nichts von seiner Geschichte erzählen will, folgendermaßen beginnt: »Ich will mit dem Tag anfangen, an dem ich Pencey verließ. Pencey ist diese Internatsschule in Agerstown, Pennsylvania. Wahrscheinlich haben Sie schon mal von ihr gehört oder jedenfalls die Inserate gesehen. Sie annoncieren in ungefähr tausend Magazinen, und sie zeigen immer so einen schneidigen Burschen, der hoch zu Roß über einen Zaun springt. Als ob in Pencey die ganze Zeit nichts anderes getan als Polo gespielt würde. Dabei habe ich dort kein einziges Mal auch nur von weitem ein Pferd gesehen. Und unter dem Typ auf dem Pferd steht jedesmal: ›Seit 1888 formen wir unsere Schüler zu fähigen, klardenkenden jungen Männern.‹ Reines Geschwätz. In Pencey wird ebensowenig *geformt* wie in jeder anderen Schule.«

Holden ist ein schwer zu fassender Typ, Francesco, einer mit vielen Nuancen, wie John Silver. Jede Zeile von ihm ist ein Urteil über die Welt, jeder Absatz gibt ihm Gelegenheit, über all das zu reden, was ihm nicht gefällt. Hier ein Beispiel, es steht gleich im nächsten Absatz. Holden will erklären, was für ein Ort dieses Pencey war: »Also, es war an dem Samstag, an dem das Footballspiel gegen Saxon Hall stattfand. Das Spiel gegen Saxon Hall war für Pencey immer ein Riesenereignis. Es war das letzte im Jahr, und man erwartete von uns, daß wir mindestens Selbstmord begingen, wenn unsere Schule nicht gewann.« Natürlich ist Holden nicht der Typ, der sich umbringt, wenn seine Schule verliert, oder der sie mit Erfolg besucht; er ist auch nicht der Typ, der ein gutes Verhältnis zu seinen Eltern hat, ein gutes Verhältnis zu seinen Lehrern, zu seinen Freundinnen, zur halben Welt. Er ist ein Unangepaßter, kein Held zum

Nacheifern, höchstens einer, den man im Auge behalten sollte. Denn durch ihn kann man begreifen, was das Reizvolle an der Entweihung ist, gerade heute, wo das Weihevolle oder gar Heilige aus so gut wie nichts besteht. (Wir werden darüber im nächsten Kapitel sprechen, anläßlich der Lektüre von T. S. Eliot, und es wird uns erneut Gelegenheit geben zu verstehen, was letztlich die – entschuldige den Ausdruck – Entleerung des Heiligen ist.)

Holden wird aus Pencey »geschaßt«, von der Schule geworfen wegen ungenügender Leistung, und zwar genau zu Weihnachten. Aber statt nun nach Hause zu gehen, beginnt er ziellos in New York umherzulaufen. In Wahrheit fürchtet er sich vor dem Zorn seiner Eltern. Von der Schule geflogen! So eine Schande! »Das haut einen um«, wie er sagen würde ... Aber gib acht, Francesco, laß Dich nicht durch Holdens Ausdrucksweise ablenken, durch diese schnoddrige Sprache, die inzwischen Erbe so vieler Jugendlicher geworden ist, die Holden nachmachen, ohne es vermutlich zu wissen. Das ist das geringste. Achte lieber auf andere Dinge. Auf da und dort eingestreute Sätze, die das wirklich Wichtige sind. Gleich im zweiten Kapitel läßt Salinger Holden sagen: »Damals war ich sechzehn, und jetzt bin ich siebzehn, aber manchmal führe ich mich so auf, als ob ich dreizehn wäre. Das ist um so lächerlicher, als ich 1,89 groß bin und graue Haare habe ... Und trotzdem benehme ich mich oft so, als ob ich gerade erst zwölf wäre. Alle sagen das, besonders mein Vater. Zum Teil ist es auch wahr, aber nicht *ganz*. Die Leute meinen immer, daß etwas *ganz* wahr sei.«

Die Kursivsetzungen sind von Salinger, nicht von

mir. Er unterstreicht damit eine große Wahrheit, derer sich Holden trotz seiner erst siebzehn Jahre voll bewußt ist: Die Leute meinen immer, daß etwas, wenn es wahr ist, *ganz* wahr sei. Und gleich noch so ein Satz: »Die Leute merken nie etwas.« Das ist keine Kleinigkeit, Francesco: Man könnte fast sagen, es ist so etwas wie ein philosophisches Grundprinzip, eine Lebensregel und zugleich eine bittere Feststellung. Holdens Auseinandersetzung mit der Welt beginnt genau hier: mit der Methode, mit diesem *Diskurs über die* Methode. Alles andere kommt später hinzu. Aber wenn Du es mit Vereinfachungen zu tun hast, wenn Du es mit dem gesunden Menschenverstand zu tun hast, mit jenem gesunden Menschenverstand, der am Ende alles erklärt, dann riskierst Du genauso, Dich nicht verständlich zu machen. All dies gehört zur amerikanischen Mentalität. Und wer weiß, wenn Du groß bist, wird das vielleicht auch unsere Mentalität sein. Achte gut auf die ersten Seiten, Francesco: Holden spricht viel von »klaren« Ideen, von »wahren« Dingen und von »geformter« Jugend. Trau keinem, der sagt, er habe immer klare Ideen; trau keinem, der behauptet, eine allgemeingültige Wahrheit zu haben. Aber mißtraue auch denen, die sagen, es gebe viele Wahrheiten. Geh immer von dieser Voraussetzung aus: Keine Wahrheit ist jemals vollständig, alle sind immer nur unvollständige Teilwahrheiten. Holden hat solche Angst vor den unanfechtbaren Wahrheiten, daß er versichert: »Ich bin der größte Lügner, den man sich denken kann. Schrecklich. Sogar wenn ich unterwegs bin, um mir ein Magazin zu kaufen, und mich jemand fragt, wohin ich gehe, bin ich imstande zu sagen, ich ginge in die Oper. Fürchterlich.«

Vielleicht nicht gerade fürchterlich. Auch wenn man nicht lügen sollte. Holden begreift es erst sehr viel später, als die Knoten sich schürzen. *Der Fänger im Roggen* gilt als ein unterhaltsames und anregendes Buch. Das ist es auch. Aber es ist auch ein bitteres Buch, ein Buch, in dem Kindheit und Jugend zu einer Art Schuld werden. Ein bedeutender italienischer Philosoph, Benedetto Croce, hat einmal gesagt: »Die Jungen? Sie müssen bloß warten, bis sie alt werden.« Er hatte unrecht. Es gibt für alles ein Alter: Nimm es immer in Anspruch.

Aber zurück zu Holden: Er ist desorientiert. Er war auf ein College geschickt worden, um es mit klaren Ideen zu verlassen, und er ist rausgeflogen, weil er sich geweigert hatte, auf diese Art klare Ideen zu haben. Ich will nicht behaupten, Francesco, daß derjenige, der protestiert, immer recht hat. Und daß derjenige, der sich weigert, die Autorität zu akzeptieren, immer auf der richtigen Seite steht. Das Leben ist eine subtile Mischung, es besteht nicht allein aus Regelverstößen und auch nicht allein aus Gehorsam. Es besteht nicht allein aus Ironie und auch nicht allein aus hohler Rhetorik. Du wirst wahrscheinlich nie auf ein College gehen, Du bist ein italienisches Kind; Du wirst bestimmte Verpflichtungen und bestimmte Zwänge nicht so stark empfinden. Aber wenn Du Dir später einmal nichts vormachen lassen wirst von schneidigen Burschen, die hoch zu Roß über Zäune springen, dann wird das auch ein Verdienst von Büchern wie diesen sein, über die wir hier sprechen. Wenn Du irgendwann begreifst, daß die Welt aus Leuten besteht, »die Dir nie zuhören«, und wenn Du sie dann trotzdem ertragen kannst, wirst Du das gerade deswegen können, weil Du darauf vorbereitet bist. *Der*

Fänger im Roggen ist zwar ein Buch über die Regelverletzung, aber er ist auch und mehr noch ein Buch über die Kindheit. Über eine Kindheit, die die Welt der Erwachsenen betrachtet und sie mit einer Art von resignierter Nachgiebigkeit beurteilt. So tut es Holden, der schon ein Jugendlicher ist, aber so tut es auch seine kleine Schwester Phoebe: »Sie ist erst zehn. Sie ist mager, wie ich, aber nicht häßlich mager. Rollschuhlaufmager, das ist sie ... Ihr würdet sie gern haben. Wenn man ihr etwas erzählt, weiß sie genau, wovon man redet. Man kann sie überallhin mitnehmen. Wenn man sie zum Beispiel in einen schlechten Film mitnimmt, weiß sie, daß es ein schlechter Film ist. Wenn man sie in einen guten Film mitnimmt, weiß sie, daß es ein guter Film ist ...« Beachte, wie sich der Ton ändert, wenn Holden von seiner kleinen Schwester redet. Oder von seinem jüngeren Bruder Allie, der an Leukämie gestorben ist. Er hatte sich Gedichte auf seinen Baseballhandschuh geschrieben, damit er, wenn er im Feld stand und auf den Wurf wartete, immer etwas zu lesen hatte. »Ihr hättet ihn gern gehabt. Er war zwei Jahre jünger als ich, aber fünfzigmal so intelligent. Er war wahnsinnig intelligent. Seine Lehrer schrieben meiner Mutter immer, was für eine Freude es war, einen Jungen wie Allie in der Klasse zu haben.« Und jetzt paß gut auf, Francesco: Allie spielte Baseball, und zwar als *Catcher*, genau als der *Catcher*, der auch im Titel des Buches vorkommt, der immer die Kinder retten muß, die beim Spielen im Roggenfeld über den Rand fallen könnten. Holden trägt den Baseballhandschuh seines Bruders Allie, der über und über mit Gedichten beschrieben ist, immer bei sich.

Er trägt ihn auch bei seinen Streifzügen durch New York immer bei sich, als er beschlossen hat, ein paar Tage außer Haus zu bleiben, bevor er seinen Eltern sagt, daß er wegen schlechter Leistungen von der Schule geflogen ist. In Wirklichkeit ist es eine Flucht: eine Flucht vor allen und allem außer vor Allie, der ihm immer nahe bleibt, und vor Phoebe, die er am liebsten gleich anrufen würde. Aber das ist nicht möglich: »Meine kleine Schwester Phoebe geht immer um neun ins Bett, daher konnte ich sie nicht anrufen. Es hätte ihr zwar nichts ausgemacht, wenn ich sie geweckt hätte, aber das Dumme war, daß nicht sie ans Telefon gegangen wäre. Meine Eltern wären rangegangen.« So verzichtet er auf den Anruf und nimmt sich ein Zimmer in einem Hotel. Dort versucht er vergeblich, eine alte Freundin anzurufen, treibt sich eine Weile im Tanzlokal des Hotels herum und fährt dann zu *Ernie's*. »*Ernie's* ist dieser Nachtklub in Greenwich Village, wo mein Bruder D. B. oft hinging, bevor er nach Hollywood übersiedelte und sich prostituierte. Manchmal hat er mich mitgenommen. Ernie ist ein großer dicker Farbiger, der Klavier spielt. Er ist ein gräßlicher Snob und würde kaum mit Ihnen sprechen, außer Sie wären ein großes Tier oder eine Berühmtheit oder so was, aber Klavier spielen kann er wirklich.« Als Holden ins Hotel zurückkommt, läßt er sich von einem Liftboy eine Prostituierte aufs Zimmer schicken. Es läuft nicht so, wie es sollte, in Wahrheit hat Holden gar keine Lust auf das Mädchen, und der Liftboy, ein fieser Kerl namens Maurice, will mehr Geld, als ausgemacht war: »Ich versuchte nicht einmal, ihm auszuweichen oder mich zu ducken oder so. Ich spürte nur diese schreckliche Faust im Magen …«

Das Buch bewegt sich scheinbar in gewohnten Gleisen. In gewohnten und auch amüsanten, wäre da nicht jener Dialog zwischen Holden und einem Taxifahrer namens Horwitz, den ich hier in voller Länge zitieren möchte:

»Hey, Horwitz«, sagte ich. »Kommen Sie manchmal an dem Teich im Central Park vorbei? Unten bei Central Park South?«
»An *was*?«
»An dem Teich. Diesem kleinen See dort. Wo die Enten sind, Sie wissen schon.«
»Ja, und was ist damit?«
»Also diese Enten, die da rumschwimmen. Im Frühling und so. Wissen Sie zufällig, wo die im Winter hinkommen?«
»Wo *wer* hinkommt?«
»Na, die Enten. Wissen Sie das zufällig? Ich meine, holt sie jemand ab, mit einem Wagen oder so was, und bringt sie irgendwohin, oder fliegen sie von selber fort – in den Süden oder so?«
Horwitz drehte sich zu mir um und sah mich an. Er war ein aufbrausender Typ. Aber nicht unsympathisch. »Wie zum Teufel soll ich das wissen?« sagte er. »Wie zum Teufel soll ich so was Blödes wissen?«
»Jetzt werden Sie doch nicht *sauer*«, sagte ich. Irgendwas machte ihn sauer.
»Wer ist hier sauer? Ich bestimmt nicht.«
Ich brach die Unterhaltung ab, da er so höllisch empfindlich war. Aber er fing von selbst wieder an. Er drehte sich erneut zu mir um und sagte: »Die *Fische* kommen nirgends hin. Die bleiben, wo sie sind. Einfach in dem verdammten See.«
»Die Fische – das ist was anderes. Ich rede von den *Enten*«, sagte ich.

»Was soll denn *an*ders an ihnen sein? Gar nichts ist *anders*«, sagte Horwitz. Alles, was er sagte, klang so, als ob er über irgendwas sauer wäre. »Für die *Fische* ist es im Winter noch viel schlimmer als für die Enten. Herrgott noch mal, gebrauchen Sie doch mal Ihren Verstand!«
Ich sagte ungefähr eine Minute lang nichts. Dann sagte ich: »Na schön. Und was machen die Fische und so, wenn dieser ganze kleine See ein einziger Eisblock ist, mit Leuten, die darauf Schlittschuh laufen und so?«
Horwitz drehte sich wieder um. »Was zum Teufel meinen Sie wohl, was sie tun?« bellte er mir ins Gesicht. »Sie bleiben ganz einfach da, wo sie sind, Herrgott!«
»Sie können aber doch nicht einfach so tun, als ob es das Eis nicht gäbe. Sie können es doch nicht einfach *ignorieren.*«
»Wer ignoriert es denn? Keiner ignoriert es«, sagte Horwitz. Er regte sich so mächtig auf, daß ich befürchtete, er würde gegen eine Laterne fahren oder so. »Sie leben ganz einfach *in* dem verdammten Eis. Das ist ihre Natur, Herrgott. Sie frieren einfach den ganzen Winter lang in einer Stellung fest.«
»So? Und was fressen sie dann? Ich meine, wenn sie festgefroren sind, können sie ja nicht rumschwimmen und sich nach *Nahrung* umsehen.«
»Ihre *Körper*, Herrgott! Was ist denn mit Ihnen los? Ihre Körper nehmen die Nahrung auf, einfach durch diesen gottverdammten Seetang und alles, was da im Eis ist. Sie haben die ganze Zeit die *Poren* offen. Das ist einfach ihre *Natur*, Herrgott noch mal! Verstehen Sie, was ich meine?« Er drehte sich noch einmal zu mir herum, um mich anzusehen.
»Aha«, sagte ich und ließ das Thema fallen. Ich hatte Angst, er würde mit dem verdammten Taxi einen Unfall bauen oder so was.

Vorhin sagte ich, das Buch könnte Dir amüsant vorkommen, aber vor allem leichtgewichtig, wenn da nicht Seiten mit Abschweifungen wären, die ganz beiläufig erscheinen. Wie dieser Dialog über die Enten im Central Park. Was liegt Holden Caulfield daran, wo die Enten im Winter hinkommen? Aber die Frage läßt ihn nicht los. Schon dem ersten Taxifahrer, dem, der ihn ins Hotel brachte, hatte er sie gestellt, und der Mann hatte ihm geantwortet: »Was soll das? Wollen Sie mich auf den Arm nehmen?« Dann versucht er es erneut bei Horwitz, der etwas gesprächiger ist. Achte mal auf die Kursivsetzungen, die Salinger macht: »An *was*?«, bezogen auf den See. »Wo *wer* hinkommt?«, bezogen auf die Enten. Die *Fische*. Ich rede von den *Enten*. Mit dem *Körper*. Ihre *Natur*. Sie haben die ganze Zeit die *Poren* offen.

Man begreift unschwer, daß niemand sich um die Enten kümmert. Mehr noch: daß die Frage, wer sich um sie kümmert, die Leute verärgert. Wer interessiert sich schon für die Enten in einem Teich? Und wenn diese Enten dann verhungern, weil der See im Winter zufriert? Sie können gar nicht verhungern, sie finden immer irgendwie Nahrung, dafür sorgen schon ihre *Poren*, das ist ihre *Natur*. Wenn es einem Kind nicht gelänge, sich zurechtzufinden in einer Welt von Erwachsenen, die sich nicht um es kümmern, wenn es ihm nicht gelänge, sich rechtzeitig vom *Catcher* auffangen zu lassen, was würde ihm dann passieren? Gar nichts, es wäre wie bei den Enten: »Sie leben einfach *in* dem verdammten Eis. Sie haben die ganze Zeit die *Poren* offen. Das ist ihre *Natur*.«

Der Dialog zwischen Holden und dem Taxifahrer

geht kurz danach noch ein Stückchen weiter. Als sie am Ziel angelangt sind, läßt der Mann den Jungen aussteigen, überlegt dann einen Moment und sagt:

> »Hören Sie. Wenn Sie ein Fisch wären, würde doch Mutter Natur bestimmt für Sie sorgen, oder? Habe ich recht? Oder meinen Sie etwa, die *Fische* sterben einfach, wenn der Winter kommt?«
> »Nein, aber ...«
> »Da haben Sie verdammt recht, daß sie nicht sterben«, sagte Horwitz und brauste davon wie eine Rakete.

Du kannst Dich auf Salinger verlassen, Francesco, auch seine anderen Bücher werden Dir gefallen. Eigenartig, daß ein Mann, der sich so außergewöhnliche Sorgen um die Geschicke dieser Welt macht, der so genau auf die kleinsten Details achtet, gleichzeitig beschlossen hat, keine Zeile mehr zu veröffentlichen; eigenartig, daß der Autor eines solchen Buches nicht die Notwendigkeit, das Bedürfnis verspürt hat, sich noch einmal zu fragen, wo die Enten im Winter hinkommen. Könnte es sein, daß er es plötzlich entdeckt hat? Vielleicht hat er entdeckt, daß sie nicht wissen, wohin sie sich wenden sollen in einer so eiskalten Stadt wie New York, wo Dich die Taxifahrer als einen Verrückten ansehen, wenn Du Dir Sorgen um ein paar *Fische* machst. Aber wir wollen nicht vorgreifen. Lesen wir lieber noch ein Stückchen weiter. *Der Fänger im Roggen* hält nämlich noch ein paar andere Überraschungen bereit.

Zum Beispiel, wenn Holden ins Naturhistorische Museum geht, wo er seine Schwester Phoebe zu treffen hofft, die dort einen Besuch mit ihrer Schulklasse machen sollte. Und wo er mit einer entwaffnenden Natürlichkeit über das Vergehen der Zeit nachdenkt: »Das schönste in diesem Museum war, daß alles immer genauso stehenblieb. Nichts bewegte sich. Man hätte hunderttausendmal hingehen können, und der Eskimo hätte immer gerade die beiden Fische gefangen gehabt, die Vögel wären immer noch auf ihrem Flug nach Süden gewesen, die Rehe hätten immer noch aus dem Wasserloch getrunken, mit ihrem hübschen Geweih und ihren hübschen mageren Beinen, und die Squaw mit der nackten Brust hätte immer noch an der gleichen Decke gewoben. Nichts wäre anders gewesen. Nur man *selber* war anders geworden. Nicht, daß man plötzlich viel älter war oder so. Das meine ich eigentlich nicht. Man war einfach nur anders. Man hatte diesmal einen Mantel an. Oder das Kind, das beim letztenmal neben einem hergegangen war, hatte jetzt Scharlach, so daß ein anderes neben einem ging. Oder eine Stellvertreterin von Miss Aigletinger führte die Klasse ins Museum. Oder man hatte gehört, wie sich die Eltern im Badezimmer entsetzlich stritten. Oder man hatte auf der Straße gerade eine Pfütze mit Ölringen in allen Regenbogenfarben gesehen. Man war einfach irgendwie *anders* geworden – ich kann nicht erklären, was ich damit meine. Und wenn ich es könnte, hätte ich wahrscheinlich keine Lust dazu.«

Kurz danach überträgt er diesen Gedanken auf seine Schwester: »Ich ging vor mich hin und dachte an Phoebe, die an Samstagen genau wie früher ich selber ins Museum geführt wurde. Ich dachte daran, wie sie die gleichen Glaskästen sah, die ich gesehen hatte, und wie sie sich von Besuch zu Besuch veränderte. Der Gedanke deprimierte mich zwar nicht gerade, aber er machte mich auch nicht besonders heiter. Manche Sachen sollten so bleiben, wie sie sind.«

Melancholie, Francesco. Erinnerst Du Dich an *Peter Pan*? An die Stelle, als der Vater beschließt, daß Wendy von der nächsten Nacht an nicht mehr bei ihren kleinen Brüdern schlafen darf, weil sie inzwischen groß geworden ist? Was sagt Peter Pan, als Wendy ihm erzählt, daß sie vom nächsten Tag an gezwungen sein wird zu wachsen? Er sagt, das wird er nicht dulden. Und um es zu vermeiden, wird er sie mitnehmen auf die Insel, die es nicht gibt. Nun, und siehst Du, Francesco, das ist ein bißchen dasselbe. Holden leidet darunter, daß die kleine Phoebe größer werden und dann nicht mehr ein »wirklich nettes« kleines Mädchen sein wird. Im Grunde sind die Tage, die Holden in New York verbringt, bevor er nach Hause zurückkehrt, ein bißchen so wie die Tage von Wendy auf der Insel, die es nicht gibt. Holden wird, wenn er nach Hause zurückkehrt, groß werden müssen. Und groß werden wird für ihn derart schmerzlich sein, daß es tiefe Spuren in ihm hinterläßt, auch in seiner körperlichen Erscheinung. Damit will ich nicht sagen, daß Heranwachsen und Großwerden in jedem Fall solche Schmerzen und solches Leid mit sich bringen. Zum Glück ist es nicht immer so. Aber bei Holden *ist* es so, denn Holden ist das Kind, das in den Abgrund zu stürzen droht, stellvertretend für alle anderen. Er ist das Kind (auch wenn er schon fast achtzehn ist), das verzweifelt hofft, vom Fänger aufgefangen zu werden. Und das wird geschehen: Er wird im letzten Moment aufgefangen werden. Aber vorher hat er die Möglichkeit gehabt, einen Blick in den Abgrund zu werfen. Und hat begriffen, in welcher Gefahr er schwebte und – mehr noch – wie er in sie geraten war. So schleicht er sich eines Nachts nach Hause, ohne sich von seinen Eltern erwischen zu lassen. Er will mit seiner Schwester Phoebe sprechen, aber er weckt sie nicht gleich; er geht in ihrem Zimmer umher, liest ihre Hefte, ihre Notizen: »Ich knipste die Schreibtischlampe an. Phoebe wachte nicht auf. Ich betrachtete sie eine Weile. Sie lag da und schlief, den Kopf irgendwie auf einer Seite des Kissens. Den Mund hatte sie weit offen. Komisch. Wenn Erwachsene mit offenem Mund schlafen, sehen sie häßlich aus, aber Kinder nicht. Bei Kindern ist es ganz in Ordnung. Das Kissen kann sogar vollgesabbert sein, und trotzdem sehen sie noch nett aus.« Schließlich, nachdem er sich an den Sachen der Schwester erfreut hat (»Zur Abwechslung fühlte ich mich einmal wohl … ich fühlte mich richtig gut«), an ihren Schulheften, ihren ordentlich hingelegten Kleidern, beschließt er, sie zu wecken. Phoebe ist überrascht, aber froh, ihn zu sehen (»Sie schlang mir die Arme um den Hals und alles«). Aber sie begreift, daß Holden von der Schule geflogen ist. Und sie sagt zu ihm: »Dad bringt dich um. Du wirst sehen, er *bringt dich um.*« Und leise fügt sie hinzu, klein, wie sie ist: »Du magst *überhaupt nichts* von dem, was passiert … Du magst keine Schulen. Du magst eine Million von Sachen nicht. Du magst einfach *gar* nichts.« In demselben nächtlichen Gespräch fragt Holden die kleine Schwester:

»Kennst du das Lied ›Wenn einer einen andern fängt, der durch den Roggen kommt‹? Ich wäre gern …«
»Es heißt ›Wenn einer einen anderen *trifft*, der durch den

Roggen kommt‹!« sagte Phoebe. »Das ist ein Gedicht von Robert Burns.«
»Ich *weiß*, daß es ein Gedicht von Robert *Burns* ist.«
Sie hatte ganz recht. Es heißt wirklich »Wenn einer einen andern trifft, der durch den Roggen läuft«. Aber das wußte ich damals noch nicht.
»Ich dachte, es hieße ›Wenn einer einen andern fängt‹«, sagte ich. »Aber trotzdem stelle ich mir immer all diese kleinen Kinder vor, die in einem großen Roggenfeld ein Spiel machen. Tausende von kleinen Kindern, und niemand wäre in der Nähe – kein Erwachsener, meine ich – außer mir. Und ich würde am Rand einer irren Klippe stehen. Und müßte alle auffangen, die über die Klippe hinauslaufen wollten – ich meine, wenn sie rennen und nicht achtgeben, wohin sie laufen, müßte ich hervorspringen und sie *auffangen*. Das wäre alles, was ich den ganzen Tag lang zu tun hätte. Ich wäre einfach der Fänger im Roggen und so. Ich weiß schon, daß es verrückt ist, aber das ist das einzige, was ich wirklich gern wäre. Ich weiß, daß es verrückt ist.«

Da haben wir sie, die Geschichte vom Fänger im Roggen, den eigentlichen Kern des Buches, der ihm den Titel gegeben hat. In der italienischen Ausgabe ist das nicht zu erkennen. Wir haben Holdens Regelverstoß zu einer Art Vorläufer der Bewegung von '68 gemacht, zu einem Vorläufer des Protests gegen »das System« und gegen die Werte der amerikanischen Gesellschaft. Und das ist er ja auch. Aber ich versichere Dir, Francesco, all das ist erst später gekommen; all das ist gekommen, weil Salinger an eine Welt gedacht hat, die von den Kindern gerettet wird. Es stimmt, daß Holden in Pencey aufbegehrt, gegen die Lehrer wie gegen seine aufgeblasenen snobistischen Freunde. Es stimmt, daß er für alles, was in seinem Umkreis geschieht, eine ironische Bemerkung hat. Und zwar weil alles, was in seinem Umkreis geschieht, sich auf voraussehbaren und ein bißchen dummen Gleisen bewegt. (Erinnere Dich an den Satz: »Die Leute meinen immer, daß etwas *ganz* wahr sei.«) Aber Holdens Problem ist, daß alle dauernd Martinis trinken und über alles und jedes eine Meinung haben, nur nicht über die Enten. Holdens Problem ist nicht, Robert Burns korrekt zu zitieren, einen der in den englischsprachigen Ländern meistgeliebten und populärsten Dichter, sondern Burns' Gedicht zu entdecken, nicht ohne es zu verunstalten, um dann eine Moral daraus abzuleiten, einen Wunsch, eine Lebensregel.

Die letzten Seiten dieses Buches sind wirklich außerordentlich: als Holden und Phoebe zusammen in den Zoo gehen. Holden hat beschlossen, nach Hause zurückzukehren. Aber vorher holt er sein Schwesterchen unter einem Vorwand von der Schule ab. Sie gehen durch den Zoo und reden miteinander, auf ihre übliche Weise. Nach einer Weile kommen sie zu einem Karussell; Holden setzt sich auf eine Bank, und Phoebe steigt hinauf. »Dann setzte sich das Karussell in Bewegung, und ich sah ihr zu, wie sie herumfuhr. Es saßen nur fünf oder sechs andere Kinder oben, und das Karussell spielte *Smoke Gets in Your Eyes.*« Ich erinnere mich genau, Francesco, wie ich Dich das erste Mal auf ein Karussell gesetzt habe. Es war ein sehr schönes Karussell, wie man sie nur noch selten zu sehen bekommt, so eins nur mit lauter Pferdchen, glitzernd und ein bißchen altmodisch. Du hast auf Deinem Pferdchen gesessen und Dich an seinen Hals geklammert, als würdest Du es umarmen; Du warst sehr aufgeregt, ich sah es an Deinen

Augen, die noch mehr glänzten als sonst. Du warst gerade erst etwas über ein Jahr alt. Andere Kinder waren keine da. Es war eine eigenartige Sommerstunde, gegen acht Uhr abends, wenn die künstlichen Lichter sich mit dem Zwielicht der Dämmerung mischen, so daß ein fast irrealer Effekt entsteht. Ich sah Dir zu mit einer Mischung aus Neugier und Mitgefühl. Ich hatte Mühe, die Musik zu erkennen, die das Karussell spielte: Es war nicht der übliche Walzer, sondern eine Filmmusik aus dem alten (auch für mich alten) Film *Sabrina*. Die beiden Hauptpersonen, William Holden und Audrey Hepburn, tanzen darin nach dieser Musik. Es war eine wunderbare Stimmung. Vielleicht dieselbe, die Holden beschreibt, als er seiner Schwester auf dem Karussell zusieht: »Ich fühlte mich auf einmal so verdammt glücklich, wie Phoebe da immer im Kreis herumfuhr. Ich hätte beinahe geheult, so verdammt glücklich fühlte ich mich, wenn ihr die Wahrheit wissen wollt. Ich weiß nicht, warum. Einfach weil sie so verdammt *nett* aussah, wie sie da immerzu im Kreis herumfuhr, mit ihrem blauen Mantel und allem. Herrgott, ich wünschte, ihr hättet das sehen können.«

So endet *Der Fänger im Roggen*. Mit dieser Szene. Das letzte Kapitel, das sechsundzwanzigste, ist nur noch eine einzige Seite, aus der man erfährt, was später geschah. Ein Epilog, der vielleicht unvermeidlich ist: »Ich könnte zwar noch erzählen, was ich tat, als ich heimkam, und wie ich dann krank wurde und so. Und in was für eine Schule ich im nächsten Herbst gehen soll, wenn ich von hier wegkomme, aber ich habe keine Lust dazu. Im Ernst. Dieses Zeug interessiert mich jetzt nicht besonders.«

Dort, wo Holden ist, gibt es viele Leute, besonders einen Psychoanalytiker, die ihm ständig Fragen stellen: »Sie wollen immer von mir wissen, ob ich mir mehr Mühe geben werde, wenn ich im nächsten September wieder in die Schule gehe. Meiner Meinung nach ist das eine blöde Frage. Wie soll man denn wissen, was man tun wird, bevor man es *tut*? Die Antwort ist, daß man es eben nicht weiß. Ich *glaube*, daß ich mir dann mehr Mühe geben werde, aber wie kann ich das wissen? Ich schwör's, die Frage ist wirklich blöd.« Auch sein Bruder D. B. ist nicht viel besser: »D. B. hat mich gefragt, was ich von all dem Zeug halte, das ich jetzt gerade erzählt habe. Ich wußte nicht, was zum Teufel ich darauf antworten sollte. Wenn ihr die Wahrheit wissen wollt, ich *weiß* nicht, was ich davon halten soll.« Noch einmal gibt Holden hier eine Lektion in Methode: Er stellt den Zweifel über alles, auch über die Begeisterung. Er beschließt, keine Schlußfolgerung zu ziehen, kein Urteil abzugeben. Es ist bemerkenswert, wie es diesem Buch gelingt, ein Beispiel für wütende Gesellschaftskritik und zugleich eine Lektion in Toleranz zu sein. Denn Holden nimmt alles auf seine Schultern und protestiert nicht. Sogar die kleine Phoebe droht am Ende in die Falle zu gehen, denn sie erliegt beinahe der Versuchung, ein Urteil über *ihn* abzugeben. Aber er sagt am Ende: »Ich *weiß* nicht, was ich davon halten soll.« Und die Kursivsetzung des Wörtchens »weiß« sagt viel über Salingers Intentionen. Die letzte Seite des Buches ist voller Verständnis für die Welt; es ist das Verständnis dessen, der bezahlt hat im Wissen, damit alle anderen freizukaufen. Allerdings mit einer tiefsitzenden Melancholie: »Es tut mir leid, daß ich diese Geschichte so vielen Leuten erzählt habe. Ich weiß eigentlich nur, daß mir alle, von denen ich erzählt habe, irgendwie *fehlen* ... Ich glaube, sogar dieser gottverdammte Maurice fehlt mir jetzt.«

Siehst Du, Francesco, wie Holdens ganze bissige Ironie mit einemmal in der Sonne dahinschmilzt? Wie das Wort »fehlen« – noch einmal – kursiv gesetzt ist? Für Holden ist eine unwiederholbare Phase zu Ende gegangen. Großzuwerden kostet einen Preis, den er bis zum letzten Moment versucht hat, nicht bezahlen zu müssen. Es gibt einen amüsanten italienischen Liedermacher, den ich Dich ab und zu hören lasse: Paolo Conte. Eine Zeile in einem seiner Lieder, in *Boogie*, heißt sinngemäß: »Es war eine Welt von Erwachsenen, man täuschte sich professionell.« Großzuwerden bedeutet, die Art zu verändern, wie man auf die Welt blickt, und dabei ändert sich sogar die Art, wie man Fehler macht, wie man sich täuscht. Das ist nicht immer schön, aber es ist fast immer notwendig. Worauf es ankommt, lieber Francesco, ist zu wissen, daß es irgendwo einen Fänger gibt, in einem endlosen Roggenfeld, der bereit ist, die Kinder zu retten – *sie* wenigstens –, bevor sie in diesen wahnsinnigen Abgrund stürzen. Gewiß ist das nur ein Traum. Ein Traum gegen all jene dummen Wirklichkeiten, mit denen es Holden andauernd zu tun hat. Aber ihm hat er geholfen, und auch Dir kann er helfen. Auch wenn Dich dann manchmal, wenn Du zuviel träumst, Melancholie überkommt, die Melancholie des letzten Satzes dieses Romans: »Komisch. Man sollte nie irgendwem irgendwas erzählen. Sonst fangen sie alle an, einem zu fehlen.« Und das ist wahr, Francesco.

Die Leidenschaft

Erzähl nie irgendwem irgendwas. Sonst fangen sie alle an, Dir zu fehlen. Aber können uns auch Personen fehlen, die gerade einmal angedeutet worden sind, die wir fast nur gestreift haben, wie die Personen in einem Gedicht? Daß uns einer wie Holden fehlt, können wir sicher spüren, aber daß uns der Herr fehlt, der in *Prufrock and Other Observations* die Treppe heruntersteigt? Und daß uns die Frauen fehlen, die aus dem Zimmer hinausgehen und wieder hereinkommen? Nein, wird man Dir sagen, Francesco. Und einige Leser, nur wenige, hoffe ich, werden sich wundern, daß ich jetzt eins der schwierigsten und komplexesten Bücher der modernen Literatur aus dem Regal genommen habe, die *Gesammelten Werke* von Thomas Stearns Eliot. Aber das stimmt so nicht ganz, Francesco. Erinnerst Du Dich, als ich Dir gesagt habe: Denk nicht an die Literatur wie an ein unbesteigbar hohes Gebirge? Nun, dieses Kapitel ist der richtige Ort, um diese Ermahnung in die Praxis umzusetzen. Denn hier werden wir von Dichtung sprechen. Und das werden wir nicht so sehr deshalb tun, weil Dichtung etwas ist, was den Geist veredelt. Sondern weil Dichtung hilft, die Welt zu verstehen. Nicht, sich zu ergötzen. Oder besser: nicht *nur*, sich zu ergötzen. Man wird Dir erzählen, daß Dichter wie Musiker seien, daß Dichtung groß sei, wenn sie eine eigene

Musikalität habe, eine ihr eigene Leichtigkeit, einen ihr eigenen Rhythmus, eine wiedererkennbare Struktur. Du wirst lernen, was ein Achtsilbler ist, ein Elfsilbler und ein Abgesang. Du wirst begreifen, was eine Katachrese ist, Du wirst eine Terzine von einem Vierzeiler unterscheiden können, Du wirst die lateinische Metrik kennenlernen. Und es wird Dir Freude machen, ein paar Verse auswendig zu lernen, auch weil sie gut klingen:

S'io credessi che mia risposta fosse
A persona che mai tornasse al mondo
Questa fiamma staria senza più scosse.
Ma perciocché giammai di questo fondo
Non tornò vivo alcun, si'i'odo il vero,
Senza tema d'infamia ti rispondo.

(Wenn ich müßt' glauben, meine Antwort ginge
An jemand, der zur Welt wird wiederkehren,
So würde meine Flamme nicht mehr zucken.
Jedoch weil niemals aus dem tiefen Grunde
Ein Wesen, hör' ich richtig, lebend heimgekehrt,
Kann ich dir ohne Schande Antwort geben.)

Das ist Dante, Francesco, die *Göttliche Komödie.* Aber es ist auch Thomas Stearns Eliot: das Motto eines langen Gedichts von ihm, von dem ich Dir erzählen will und dessen Titel *John Alfred Prufrocks Liebesgesang* lautet. Seltsamer Titel, nicht wahr? Normalerweise heißen Gedichte *An Silvia, Der Albatros* oder *Selige Sehnsucht.* Dieses dagegen hat einen zwar traditionellen, aber auch sehr pedantischen Titel. War dieser zweite Vorname *Alfred* nötig? Hätte es nicht genügt, das Gedicht *John*

Prufrocks Liebeslied zu nennen? Oder besser noch einfach *Liebeslied*? Wer weiß, vielleicht hätte das ja genügt. Aber in diesem Gedicht, in diesem langen Poem sind die Komplexitäten nicht nur im Titel und in der Wahl des Mottos zu finden. Es ist ein schwieriges Gedicht, denn es erzählt von einem schwierigen Menschen und davon, was dieser Mensch jeden Tag tun muß (und nicht tut). Und davon, was in der Welt passiert (und das schon lange). Und von den Dingen, die es in der Welt gibt, und die oft sehr kleine Dinge sind. Und all das geht zusammen, wie es nur in einem Gedicht, einem großen Gedicht möglich ist. Wenn Dir später einmal jemand sagt, Francesco, die Literatur, die Dichtung, ja sogar die Philosophie seien nichts anderes als Komplexität und Exhibition, dann halte ihm das Beispiel Eliots entgegen, der die Komplexität zu einer Übung in Einfachheit gemacht hat. Auch wenn er Tarotkarten, Dante, die Gralsriten und wer weiß was noch alles ins Spiel gebracht hat. Denn man kann von allem erzählen und alles verstehen, wenn man nur intellektuell ehrlich ist, aber man darf nichts simplifizieren. Und allgemeinverständlich darstellen ist nur ein Synonym für kommunizieren, mitteilen, nichts anderes.

Heute hast Du im Park gespielt, Francesco. Ich hatte Dir Deine Tiere mitgebracht: Deine Giraffe, Deinen Löwen und Deine drei Elefanten, den größeren und die zwei kleinen. Du hast mit ihnen gesprochen und hast dabei jedesmal Deine Stimme verändert, wenn Du eine neue Person ins Spiel brachtest und sie einen Text sprechen ließest, den Du festgelegt hattest. Du machst das immer öfter, Francesco, und ich hoffe, Du entwikkelst eines Tages eine richtige Theaterleidenschaft.

Bevor wir zu Eliot zurückkommen und *Prufrock* lesen (und danach *The Waste Land*), will ich eine Abschweifung machen, und zwar genau über das Theater. Ich werde Dir in diesem Buch kein Theaterstück erzählen. Ich hatte an Luigi Pirandello gedacht, an sein Stück *Die Riesen vom Berge*, aber das hätte zu weit geführt. Vor vielen Jahren (aber auch wieder nicht allzu vielen) habe ich einen Mann namens Ennio Dollfus kennengelernt. Es war nach einem Theaterbesuch in einer Bar weit außerhalb von Alessandria, spätabends, vielleicht schon mitten in der Nacht. Ennio Dollfus war ein harter und kühler Mann; er stammte aus dem Elsaß und rühmte sich einer fernen Verwandtschaft mit jenem österreichischen Kanzler, der sich Hitler widersetzt hatte. Aber er konnte auch gut reden, manchmal sehr wortreich, oft zynisch, nüchtern und witzig. Ich lernte ihn kennen, als er gerade ein belegtes Brötchen aß, zu einer Stunde außerhalb jeglicher Mahlzeiten, der Gewohnheit von Schauspielern, Jahrmarktsgauklern und vielleicht von Dompteuren entsprechend (ich werde Dich in den Zirkus mitnehmen, Francesco, ich werde es bald tun ...). Ennio sprach von Dingen aus alter Zeit, er führte Reden, die von weit her zu kommen schienen, wie es erfahrene Schauspieler können, indem sie gewöhnliche Leute und solche wie Shakespeare in einem Atemzug nennen, mit derselben Würde, so daß ein sehr persönliches und lebendiges Gemisch entsteht. Ennio war lange Zeit künstlerischer Direktor einer Theatertruppe in der Provinz gewesen, die sich *I Pochi* (»Die Wenigen«) nannte. Ein bißchen Ironie lag in dieser Namensgebung, aber es war keine gewöhnliche Laienspieltruppe. Alles andere als das. Ich hatte von diesen

»Wenigen« gehört, weil eine Tante von mir einmal bei ihnen als Hauptdarstellerin in Tenessee Williams' *Glasmenagerie* aufgetreten war. Es muß in den fünfziger Jahren gewesen sein, in jenem lebhaften Nachkriegsklima, das auch eine scheinbar weltabgelegene Provinz im südlichen Piemont erfaßt hatte. Und genau in jener Zeit einer Schule für wenige, einer kargen Kultur mit viel Vorprogramm und wenig Prosa, war jemand aus der Mitte Europas zu uns gekommen, in eine von Nebeln erfüllte Ebene (so jedenfalls stellte ich es mir vor), um uns *das Theater* zu bringen, ganz wie in *Hundert Jahre Einsamkeit* der Oberst Aureliano Buendia dazu gebracht wird, das Gletschereis kennenzulernen.

Alessandria muß häßlich gewesen sein in jenen Jahren: flach, breit hingelagert, ohne die einstigen Bastionen, ohne enge und gewundene Gassen, ohne einen Fluß, der mittendurch fließt, und ohne Geheimnisse oder Legenden, die diesen Namen verdienen. Einfach häßlich und im Niedergang begriffen, ohne Gepränge und mit den inzwischen verstummten Sirenen jener Großindustrie, die einst die Borsalino-Fabrik gewesen war, die den Charakter der städtischen Gesellschaft in bloß zwei Jahrzehnten gründlich verändert hatte, indem sie den Frauen Arbeit gegeben hatte in einer Zeit, als Frauen noch nicht in Fabriken zu arbeiten pflegten, wodurch ein bißchen Eleganz in die noch ländlich geprägten Straßen kam.

Wie ein Mann mit elsässischem Blut in jene Gegend kam, habe ich nie erfahren. Ich weiß nur, daß er da war, denn ich habe ihn viele Jahre später kennengelernt. Er machte Theater, ein Theater, das weder den Geruch von Gemeindehaus- oder Schultheater noch die Allüren vorgeblicher Avantgardetheater hatte; er machte es mit ein bißchen Distanz und einem Schuß Fatalismus. Und die Alessandriner mußten lernen, so sehr es ihnen zunächst widerstrebte, Ionesco, Pirandello und Camus zu spielen; später auch Brecht und Tschechow und Goldoni, Anouilh und Artaud. Rollenstudium, gedämpftes Licht, Holzböden, die bei den Proben knarrten, und Kostüme, die etwas zu oft geflickt waren. Viele sind durch die Schule von Ennio Dollfus gegangen. Manche auch nur zufällig und kurz, ohne die Zeit zu haben, auf etwas Besseres zu hoffen, zum Beispiel im Mailänder »Piccolo Teatro« zu landen oder noch weiter entfernt. Andere haben jedoch bald an anderes gedacht: an eine besser angesehene Arbeit, die es erlaubt, zu den üblichen Zeiten zu essen, zur selben Zeit wie alle anderen ins Bett zu gehen; eine Arbeit, die nicht droht, zu einer Obsession zu werden, die nicht die Gespenster der Großen am Rocksaum zupft und nicht mit der Zweideutigkeit der Texte leben muß. Wieder andere sind rasch hindurchgegangen, so wie man über eine Bühne eilt, gerade langsam genug, um den Widerhall der eigenen Schritte im leeren Saal zu hören. Wenn ich jetzt darüber nachdenke, Francesco, wird mir bewußt, daß Ennio Dollfus die gegenläufige, unterschwellige, scheinbar sekundäre Geschichte einer Stadt geschrieben hat. Eine Geschichte, die mich beunruhigt, da sie unaufgelöst ist, zu prosaisch, zu praktisch, im Grunde leer. Eine Musik aus Ideen, die verklingt wie eine zu Ende gehende alte Schallplatte, sogar ohne das Grauen des Nichts und jene Schmutzigkeit einer Vorstadt, die Dich zwingt zu fliehen. Dich aus dem Staub zu machen, weil es Staub, Sand, Wüstensand ist, auf dem nichts wächst.

Paß auf, Francesco, dies ist nicht bloß eine Abschweifung, gleich wirst Du besser begreifen, warum ich Dir diese verrückte Geschichte aus der Provinz erzähle. Aus einer Provinz, die nicht mal ein weitabgelegener Ort ist, ein umgekehrtes, im Negativ erscheinendes Samarkand, fern von allem, nur erreichbar mit gut gesattelten Pferden, gutem Reiseproviant und dem Glück guter Wege, ohne brutale Wegelagerer oder korrupte Zöllner. Es gibt Orte, Francesco, und Alessandria, wo ich geboren bin, ist so einer, die einem Spinnennetz gleichen, einer klebrigen Hülle, die Dich nicht losläßt. Aus Alessandria fortzugehen ist nicht leicht, denn es ist ein Zwischenort, nicht weit von anderen Orten entfernt und sehr weit von anderen Ideen: aufgeklärt, aber trotzdem nicht fähig, sich seiner eigenen klaren Vernunft zu erfreuen, wie es die Lombarden und die Franzosen tun; häßlich, aber ohne die abscheulichen Bauspekulationen anderer Städte; schläfrig, aber ohne Schlafstadt zu sein wie manche Vororte großer Städte. Und im übrigen kultiviert, aber in Moll und gedämpft, *in sordina.* Selten lächelnd, aber auch nicht trübselig, eher von der stolzen Tristesse vieler südländischer Gesichter. Auch die Melancholie ist nichts Großes in meiner Heimat: ein dekadentes Gefühl, ein Spleen für Verzweifelte und solche, die noch Schulden bei ihren Erinnerungen haben, Ware für Nichtstuer.

Ware für Nichtstuer mußten auch diese *Pochi* gewesen sein: Leute, die nicht das große Theater, den großen Text, den unsterblichen Autor wählten. Bei Ennio wurde kein Shakespeare gespielt. Zu groß, zu imposant, zu viele Akte und zu bedeutend. Ennio zog die neutralen Farben vor, die Pastelltöne: Pissaro, Degas, nicht Delacroix. Und im übrigen gediehen auf jenen Straßen, die sich in all den Jahren gleich blieben, wenn nicht sogar zwischen jenen Straßenbahngleisen, die es heute nicht mehr gibt, weniger explizite, eher zweideutige und subtile Anregungen. Aber es muß sehr mühsam gewesen sein, nicht zu resignieren und sich damit abzufinden, Zwischenort zu bleiben, mühsam, um jeden Preis auf das Pedal der Leidenschaften zu drücken. Denn Alessandria ist von einer Vernünftigkeit, die keine Freiräume läßt, erstickend und ein bißchen langweilig wie ein Lehrbuch über Staatsbürgerkunde. Und beim Blättern in diesen erstickenden Seiten ist man frappiert von der grauen Druckerfarbe, die blaß wie in einer schlecht gedruckten Broschüre ist. Und von der Mäßigung, jener Mäßigung, aus der niemals ein Baudelaire, ein Radiguet, ein Oscar Wilde oder ein Hemingway hervorgehen werden. Der Elsässer Dollfus muß geahnt haben, daß er hier kein leichtes Spiel haben würde, daß es nicht darum gehen konnte, die Seelen zu wecken wie ein guter Hirte des Theaterwesens, sondern allenfalls die biederen Zäune niederzureißen, das wohlgeordnete und klare Bühnenbild zu zerstören mitsamt dem aseptischen Klinikgeruch, der durch die Straßen zog, wenn der Wind aufkam.

Ich glaube, das ist ihm gelungen, und es lag auch an ihm, daß ich das Theater lieben gelernt habe; an seiner Diskretion, in der er niemandem seine Leidenschaft aufdrängen, sich nicht zum Missionar für alle Welt aufwerfen wollte. Viele andere sind indifferent geblieben, und es ist nichts Schlechtes daran, das Theater mit seiner Magie und seinen so echt erscheinenden Szenen zu ignorieren. Man kann auch ohne Theater leben, und das sogar ganz gut. Aber Du sollst wissen, Francesco, ich habe es besser gehabt, weil man mir beigebracht hat, auf die beleuchtete Bühne zu spähen, fast aus dem Verborgenen, während der Proben, und den Schauspielern zuzuhören, wenn sie zögernd oder halblaut probierten. Ich liebe das Theater wie die Musik und die Literatur, und auch deshalb sitze ich hier, um Dir diese Seiten zu schreiben. Damit Du begreifst, daß Du, was immer Du auch in Deinem Leben tun wirst, die Dimension des Traums, der Erzählung, des Phantastischen von niemandem geschenkt bekommst und daß Dein Reichtum darin bestehen wird, nicht auf sie verzichten zu wollen. Je mehr Leute Dir sagen werden, daß all diese Dinge überflüssig seien, desto mehr mußt Du Dich darauf versteifen, sie als einen Teil Deines Lebens zu betrachten.

Aber ich habe diese Abschweifung nicht nur gemacht, um Dir zu erzählen, wie man lernt, das Theater zu lieben, und wie wichtig es ist, die richtigen Leute zu treffen; es gibt noch einen anderen Grund, der mit Eliot zu tun hat: Du spielst oft Rollen, Francesco, gibst Deinen Figuren eine Stimme und läßt sie einen Text sprechen. Ich habe Dir von einer Stadt erzählt, der es nie gelungen ist, sich für das Theater zu erwärmen, die nie eine Liebe zur *fabula*, zur Erzählung, zu den literarischen Welten entwickelt hat, die es stets übertrieben hat mit ihrer Mäßigung, mit dem Gleichgewicht und dem öden Grau. Ich habe Dir von einer Stadt erzählt, die es nie gewagt hat, das Universum zu stören, genau wie der Held in *Prufrock*, und der Grund dafür war nicht Trägheit. Sicher auch nicht Respekt oder Furcht. Aber dieser Herr namens John Alfred Prufrock, der von dem pedantischen Eliot so genau beobachtet wird (tatsächlich heißt die Gedichtsammlung, in die das Werk eingefügt ist, *Prufrock und andere Beobachtungen*), dieser Prufrock ist kein Mann, der es aus Feigheit oder Enttäuschung nicht wagt: Er wagt es nicht, weil er die Folgen seiner Tat fürchtet. Er weiß, daß diese Tat Berge versetzen könnte. Auch wenn sie auf den ersten Blick nur als eine winzige Tat erscheint. Jetzt fragst Du Dich sicher, Francesco, um was für eine Tat es sich handelt. Wart's ab, wir kommen gleich dazu, ich werde Dich nicht enttäuschen, wenn Du mir folgst.

Wie beginnt *Prufrocks Liebesgesang*? Mit einem großen Fresko. Hier ist es:

> Komm, gehen wir, du und ich,
> Wenn der Abend ausgestreckt ist zum Himmel
> Wie ein narkotisierter Patient auf einem Tisch;
> Komm, gehen wir durch halbverlassene Straßen,
> Die murmelnden Zufluchtsorte
> Ruheloser Nächte in billigen Absteigen für eine Nacht
> Mit Restaurants voller Sägemehl und Austernschalen;
> Straßen, die einander folgen wie ein lästiges Argument
> In der tückischen Absicht,
> Dich zu einer niederschmetternden Frage zu führen ...

Spürst Du den Geruch von dekadenter, verfallener Metropole? Merk Dir diese Verse: Sie ähneln nicht im geringsten denen, die man Dir in den ersten Schuljahren beibringen wird. Sie haben weder die Leichtigkeit von, was weiß ich, Lorenzo dem Prächtigen noch den Spleen eines Baudelaire, noch auch die gewollte Verruchtheit eines Dino Campana (»In der phantasievollen Nacht, /

Spüre ich dennoch im Mund / Den ekligen Speichel. Raus aus dem Modergeruch / Raus aus dem Modergeruch auf die Straßen …«). Und sie sind auch noch weit entfernt vom Kult des Absurden bei Beckett (»seinen Hunger schleppend über den Himmel / meines Schädels Schale des Himmels und der Erde …«). Diese Verse von Eliot haben etwas anderes: Sie sind kalt wie die Lichter einer Autobahnausfahrt, sie funkeln wie Katzenaugen, nicht wie ein gestirnter Himmel. Sie erinnern nicht an urzeitliche Mythen und Riten, sie sind das Banalste und Zeitgenössischste, was es geben kann. Wenn Eliot mit den Worten beginnt:

> Let us go then, you and I,
> When the evening is spread out against the sky

weiß er genau, wie man einen Kontrast erzeugt. »Komm, gehen wir, du und ich, / Wenn der Abend ausgestreckt ist zum Himmel …« Das könnte der Anfang eines beliebigen Gedichts sein; eine Geschichte von zwei Personen, die eines Abends … Aber natürlich ist es nicht so. Mr. Prufrock spricht zu sich selber, es ist sein Gewissen, zu dem er sagt: »Komm, gehen wir, du und ich.« Niemand ist bei ihm, nur sein eigenes Gewissen. Und von jenem Abend, der da »zum Himmel ausgestreckt« ist, wird überraschenderweise gesagt, er sei

> Like a patient etherised upon a table

»wie ein narkotisierter Patient auf einem Tisch«. Ein Abend, der einem narkotisierten Patienten gleicht, einem Patienten kurz vor der Operation, der bewußtlos auf einem Tisch liegt. Nichts könnte eisiger sein als dieses Bild, nichts überraschender. Eliot beginnt mit einem warmen Bild: »Let us go then, you and I.« Und noch davor mit dem Dante-Zitat, das ich vorhin schon angeführt habe, erinnerst Du Dich? »Wenn ich müßt' glauben, meine Antwort ginge an jemand, der zur Welt wird wiederkehren ...« Wenn Du einmal zur Schule gehen wirst, wird Dir Dein Lehrer erklären, daß dies eine Stelle aus dem XXVII. Gesang des *Inferno* ist, in welchem Guido da Montefeltro die schreckliche Schuld gesteht, die ihn in die Hölle gebracht hat. Und er gesteht sie, weil er sicher ist, daß seine Worte nie aus der Hölle hinausgelangen werden (»weil niemals aus dem tiefen Grunde ein Wesen ... lebend heimgekehrt«). Das alles mündet dann in das kalte Bild eines narkotisierten Menschen. Und danach in das der

... murmelnden Zufluchtsorte
Ruheloser Nächte in billigen Absteigen für eine Nacht
Mit Restaurants voller Sägemehl und Austernschalen;

Spürst Du den Kontrast, Francesco? Für Eliot ist unsere Welt ein direkter Nachkomme Dante Alighieris und zugleich das Ergebnis einer Gesellschaft, die das Bewußtsein vom Wert der Dinge und Handlungen verloren hat. Bedenke, Francesco, daß dieses Gedicht 1917 geschrieben wurde. Ich schreibe Dir dies hier fast achtzig Jahre später, aber man spürt es kaum. Wenn Du groß bist, wirst Du Zeitungen lesen, fernsehen, Debatten verfolgen und Intellektuellen zuhören, die Dir zu erklären versuchen, was in der Welt passiert und warum und wie. Doch um wirklich zu begreifen, in was für Zeiten wir leben, genügen wenige Verse eines vor achtzig Jahren geschriebenen Gedichts. Es genügt der Kontrast zwischen Dante und einem Menschen, dessen Bewußtsein durch ein Betäubungsmittel ausgelöscht worden ist, die Beschwörung von »Zufluchtsorten«, die »murmelnd« sind, in die das Wort nicht gelangt, sondern bestenfalls nur eben ein Gemurmel. Und diese Orte sind nicht Wohnungen, sondern »Absteigen«, aber nur solche »für eine Nacht«, in denen man nicht wirklich absteigt und wo die Nächte »ruhelos« sind. Und die Restaurants? Ihr Boden ist mit Sägemehl und Austernschalen bedeckt: Luxusabfall. Und die Straßen folgen einander »wie ein lästiges Argument«, auch die Straßen sind öde und sinnlos. Dabei leben wir in einer Welt, die durch Straßen organisiert ist; Du wirst immer auf Straßen gehen, auf Straßen fahren, Dich über Straßen bewegen. Unser ganzes Leben, Francesco, ist durch Straßen organisiert. Vorgestern im Flugzeug, das uns nach Rom zurückgebracht hat, hast Du aus dem Fenster geschaut und hast mir das tief unter uns liegende Netz von dünnen Linien gezeigt, das man von oben sieht; es sah aus wie ein Gewirr von Fäden, und dabei waren es Straßen, mal größere, mal kleinere, manche wild ineinander verschlungen. Aus Flugzeugen sieht man nicht nur die Wälder und Felder, man sieht vor allem die Ortschaften und dazwischen die weißen Fäden der Straßen. Die für Eliot »einander folgen wie ein lästiges Argument«.

Siehst Du, und in all dem, in diesem trüben Gemisch von Gedanken, mit den Austernschalen und dem Tisch, auf dem der narkotisierte Patient liegt, gewinnen die billigen Absteigen für eine Nacht die Oberhand über den gewöhnlichen Abendhimmel. Und am Ende der Straße kommt ein Refrain, eine Art Ritornell. Es sind zwei alleinstehende, von den anderen abgesetzte Verse, die sich mehrmals in diesem Gedicht wiederholen. Und sie lauten:

> Im Zimmer die Frauen kommen und gehen
> Und reden von Michelangelo.

Das kommt Dir unverständlich vor? Du meinst, das sei ein logischer Sprung? Du meinst, diese beiden Verse (die sich im Englischen auch noch reimen: »In the room the women come and go / Talking of Michelangelo«) hätten nichts mit dem ruhigen Gang des Gedichts zu tun, mit jener wattierten und zugleich dekadenten Atmosphäre? O doch, lieber Francesco. Sie haben sehr wohl damit zu tun, und wie! Trau keinem, der Dir sagt, daß alle Reden stets eine unangreifbare Logik haben müßten. Trau keinem, der nicht dulden will, daß zum Begreifen manchmal ein geistiger Kurzschluß notwendig ist. Die Strategen der Kommunikation werden Dir erklären, daß es normal sei, Ingrid Bergman und Humphrey Bogart in ein dramatisches Gespräch verwickelt zu sehen, während hinter ihnen auf einer nebligen Piste eine zweimotorige Maschine steht, in jenem Graublau, das nur die alten Schwarzweißfilme richtig hinkriegen, und dann im nächsten Moment eine lachende Familie in satten Farben zu sehen, die einen Werbesong trällert. Hier soll Dir sofort klar sein, daß *Casablanca* unterbrochen worden ist, um Platz für eine Werbefirma zu machen, die Dir im unpassendsten Moment erklärt, daß Du eine ganz bestimmte Tiefkühlkost mit Käsefüllung kaufen sollst. Das sei kein logischer Sprung nach Art der verwirrenden, jugendgefährdenden Intellektuellen, werden sie Dir sagen. Das von Eliot dagegen sehr wohl, das sei etwas für Leute, die Zeit zu verlieren haben. Aber das ist alles nicht wahr, Francesco, diese beiden Verse sind leichter zu verstehen als die Montageanleitung des dümmsten fernbedienten Flugzeugmodells. Warum kommen und gehen die Frauen im Zimmer und reden dabei über Michelangelo? Weil sie die Vulgarität unserer Zeit symbolisieren. Eliot war ein aristokratischer Snob, es war ihm unerträglich, daß jemand von einem der größten Genies aller Zeiten reden und dabei umherlaufen oder raus- und reingehen und sich mit anderen Dingen beschäftigen kann. (Wer weiß, was jene Frauen »im Zimmer« taten: Nähten sie? Schälten sie Erbsen? Brieten sie Frikadellen?) Nimm ihn nicht so wörtlich, Francesco. Eliot will sagen, daß in einer verrohten Welt wie der, in welcher er lebte (und in welcher auch wir leben, denn sie hat sich, was dies betrifft, in den achtzig Jahren seither nicht geändert), sogar Michelangelo Gefahr läuft, zu einem billigen Allerweltsthema zu werden in einem Durchgangsraum, in dem es nach Austernschalen und Sägemehl riecht; und das gilt für Michelangelo wie für Dante und für die Bibel, der Unterschied ist gering. Du siehst, wie sich alles immer mehr mit Bedeutung auffüllt, ohne dabei kompliziert zu werden.

Kommen wir nun zur nächsten Strophe:

Der gelbe Nebel, der seinen Rücken an den Scheiben reibt,
Der gelbe Rauch, der sein Maul an den Scheiben reibt,
Leckte mit seiner Zunge in die Ecken des Abends,

Verweilte auf den Pfützen in den Abflußrinnen,
Ließ den aus Kaminen fallenden Ruß auf seinen Rücken
fallen,
Schlüpfte auf die Terrasse, tat einen plötzlichen Sprung,
Und als er sah, daß es ein milder Oktoberabend war,
Kringelte er sich noch einmal ums Haus und schlief ein.

Was soll das bedeuten, Francesco? Ist das nur die Beschreibung eines Londoner Idylls? Oder etwas mehr? Es ist schön zu schreiben: »Der gelbe Nebel, der seinen Rücken an den Scheiben reibt« (»The yellow fog that rubs is back upon the window-panes«). Als Kind habe ich diese Strophe sehr gemocht, weil ich an einem Ort geboren bin, wo der Nebel dick und gelb ist und seinen Rücken an den Fensterscheiben reibt. Wirklich, so war es, Francesco. Du bist ein römisches Kind, Du weißt nicht viel vom Nebel; und in Rom stehen die Fenster meist offen, denn hier scheint fast immer die Sonne. Aber ich habe eine Jugend im Zeichen des Winters verbracht; ich meine damit, im Vergleich zum Leben in Rom ist ein Leben in den Städten des Nordens beinahe ein Leben im Winter; meine Erinnerungen sind eher winterliche als frühlingshafte oder sommerliche. Denn wo ich herkomme, sind Herbst und Winter voller Farben, sie sind glutrot und hellrot und manchmal auch purpurrot. Und das Grau ist nie einfach nur grau: Es ist aschgrau, perlgrau und graumeliert. So ist auch dieses Nebelgelb, über das Eliot dichtet, kein Safrangelb oder Ginstergelb, sondern eher ein etwas verblaßtes Strohgelb. Die Farben sind nicht für alle Leute gleich. Und Dichter erkennt man auch daran, wie sie ihre Farben beschreiben. Eliots Farben sind: gelber Nebel, gelber Rauch und weiße Lichter. In diesem *Lovesong* ist alles immateriell und immobil. Es bewegen sich nur die Rauchschwaden, die mit ihren Zungen in die Ecken des Abends lecken und auf den Pfützen verweilen. Es gibt in diesem Gedicht geradezu eine Lust, wohlbehütet zu sein, die äußere Welt von einem sicheren, abgeschlossenen Ort aus zu betrachten. Der Nebel, der sonst überall hin- und hineindringt, kann hier nichts anderes tun, als seinen Rücken an den Fensterscheiben zu reiben; er gelangt zu den Abflußrinnen und bis in die Ecken des Abends, aber nicht dorthin, wo Mr. John Alfred Prufrock sitzt. Nein, Mr. Prufrock kann ganz beruhigt sein, nichts von dem, was draußen passiert, kann ihm etwas anhaben. Und selbst wenn es anders wäre, bleibt ihm noch Zeit:

> Und wirklich bleibt ja noch Zeit
> Für den gelben Rauch, der die Straße entlangstreicht
> Während er seinen Rücken an den Scheiben reibt;
> Es bleibt noch Zeit, es bleibt noch Zeit,
> Ein Gesicht vorzubereiten, um den Gesichtern zu
> begegnen, denen du begegnest;
>
> Es bleibt noch Zeit, zu morden und zu erschaffen,
> Und Zeit für alle Werke und Tage der Hände,
> Die eine Frage aufwerfen und fallen lassen auf deinen
> Teller;
> Zeit für dich und Zeit für mich
> Und Zeit noch für hundert Unschlüssigkeiten
> Und für hundert Visionen und Revisionen,
> Bevor wir den Tee mit Toast nehmen.

Da hast Du die Trägheit, Francesco. Diese schreckliche Unfähigkeit Prufrocks, irgendeine Entscheidung zu treffen, irgend etwas zu tun. Als wäre auch er nur ein Teil von diesem Rauch, von diesem gelben Nebel, der überall hindringt, so daß es am Ende scheint, als ob er sich nirgendwohin bewegte. Siehst Du, Francesco, wie auch das moderne Gedicht ganz klar und durchsichtig wird? Es gibt in diesem Gedicht ein permanentes Verlustgefühl. »Es bleibt noch Zeit, es bleibt noch Zeit«, sagt sich John Alfred Prufrock immerfort. »There will be time, there will be time«, schreibt T. S. Eliot auf englisch: Zeit für hundert Unschlüssigkeiten, Visionen und Revisionen. Bevor wir den Tee mit Toast nehmen. Tee mit Toast? Hundert Unschlüssigkeiten, Visionen und Revisionen für einen Tee mit Toast? Dichterflausen, Francesco? Nicht im mindesten. Dieser Tee mit Toast ist ein sehr genaues Bild. Mr. Prufrock stellt sich vor, wie er mit der Person zusammensitzt, der er nicht wagt, eine Liebeserklärung zu machen. Mit jemandem Tee zu trinken ist in England nie eine Sache des Zufalls. So gelingt es, den kleinen Alltag mit Größe zu vereinen. Mr. Prufrock hat ein Geheimnis, das er nicht eingestehen kann, ein schändliches Geheimnis, eine richtige Sünde – nämlich die Angst, sich zu offenbaren. Deswegen hat Eliot zu Anfang die Worte von Dantes Guido da Montefeltro zitiert. Erinnerst Du Dich?

> Jedoch weil niemals aus dem tiefen Grunde
> Ein Wesen, hör' ich richtig, lebend heimgekehrt,
> Kann ich dir ohne Schande Antwort geben.

Das Geheimnis, die Sünde ist dermaßen uneingestehbar, daß Prufrock nur unter einer Bedingung davon erzählen kann: unter der von Dantes Guido. Er kann es nur seinem Gewissen sagen (»Komm, gehen wir, du und ich«) und niemandem sonst. All das wegen einer Liebeserklärung, Francesco. Ein ganzes hochkomplexes Gedicht, um von einem Typ namens Prufrock zu erzählen – und genau besehen ist das nicht mal ein schöner Name –, der keinerlei Talent, keinerlei besondere Eigenschaft hat und der sich offenbar verliebt hat, stillschweigend verliebt in eine Nachbarin, die er nicht einmal anzusprechen wagt. Na toll, wird mancher hier sagen. Willst du nicht lieber über andere Aktivitäten des Geistes schreiben? Schreib über Wissenschaftler, über Ökonomen, die einem sagen, wie man reich wird, über große Ingenieure, die Brücken bauen. Und über Staatsmänner, berühmte Anwälte, mutige Richter, Ärzte, Chirurgen, Herz- und Leber- und Nierenverpflanzer; schreib über Friedenssoldaten, über Diplomaten, die Kriege vermeiden, über die wenigen Politiker mit Verantwortungsgefühl, die nur an ihr Land denken. Wir leben in schwierigen Zeiten, da nützen Literaten nicht viel. Und wenn man bedenkt, daß dieser Eliot sogar den Nobelpreis für Literatur bekommen hat! Nun, Francesco, betrachte jeden, der sich für kultiviert und gebildet hält und auch nur annähernd solche Reden führt, wie ich sie eben zitiert habe, mit der ihm gebührenden Gleichgültigkeit. Und denk daran, daß auch die Juristen, Ökonomen und Mediziner nur dann wirklich gute Juristen, Ökonomen und Mediziner sind, wenn sie gelernt haben, wie man ein großes Gedicht richtig liest. Andernfalls sind sie bloß Fachidioten, banale Stümper.

Aber kehren wir zurück zu Prufrock, zu jenem »es bleibt noch Zeit«, zu jenen zwei wiederkehrenden Versen über die raus- und reingehenden Frauen, die über Michelangelo reden, zu jenen Unschlüssigkeiten und Revisionen. Mir liegt daran, daß Du begreifst, Francesco, wie gut es T. S. Eliot versteht, die Haltlosigkeit des modernen Lebens wiederzugeben. Wie die großen Entscheidungen schließlich nur dazu dienen, einen Tee mit Toast zu nehmen. Und ich möchte, daß Du begreifst, wie richtig das alles ist: daß Gesten, Bestrebungen, Träume niemals in Größe gemessen werden und nicht immer mit dem zu tun haben, was man ein Ziel nennt. Der arme Prufrock, dieser ein bißchen mausgraue Mensch, hat davon geträumt, eine Tat zu vollbringen, und er ist durch einen Mangel an Mut daran gehindert worden – durch den Mangel an Mut, eine vorgegebene Ordnung zu ändern, die Logik der Dinge neu zu bestimmen. Die amerikanischen Fernsehfilme, die Du oft sehen wirst, manchmal zu oft, werden Dir unentwegt tolle Typen vorführen, Herren der Welt, die bereit sind, auf schicksalhafte Knöpfe zu drücken, mit denen Kriege ausgelöst werden, Atomexplosionen oder was weiß ich. Sie werden versuchen, Dir einzureden, daß Entscheidungen immer mit etwas Großem zusammenhängen, mit etwas Unvermeidlichem, also Wichtigem und Bedeutendem. Der arme Prufrock hat nichts Großes und Wichtiges zu entscheiden, keine Kriege oder dergleichen. Er trifft keine Entscheidung, er tut es einfach nicht, basta, aber er weiß, daß er's hätte tun sollen; und er weiß auch, daß seine Entscheidung für niemanden außer ihn selbst etwas bedeutet. Trotzdem kann er sie nicht treffen: er verschiebt sie auf später, er befragt sich und verschiebt sie erneut:

Und bestimmt wird noch Zeit bleiben,
Sich zu fragen: »Werde ich's wagen?« und: »Werde ich's
wagen?«
Zeit zum Umkehren und die Treppe hinunterzugehen,
Mit einer kahlen Stelle mitten im Haar –
(Sie werden sagen: »Wie spärlich sein Haar geworden
ist!«)
Im Straßenanzug, mit dem steifen Kragen bis ans Kinn,
Die Krawatte reich und bescheiden, aber gehalten von
einer simplen Nadel –
(Sie werden sagen: »Wie dünn seine Arme und Beine
sind!«)
Werde ich's wagen,
Das Universum zu stören?
In einer Minute ist Zeit
Für Entscheidungen und Revisionen, die in einer Minute
umgestoßen sein werden.

Warum das Universum stören, Francesco? Was bedeutet dieses wiederholte »Werde ich's wagen?« Was wagen? Die kritischen Kommentare werden Dich verwirren, Francesco. Sie werden Dir sagen (ich habe das irgendwo gelesen), dieses Gedicht sei eine Art modernes Inferno, eine Hölle, in die Eliot hinabgestiegen sei, um uns ein Drama zu erzählen; es gibt sogar Leute, die reden von einer »Temporalität des Sturzes«. Laß sie reden, hör nicht auf sie. Du wirst von allein verstehen, da bin ich ganz sicher, wieviel manche akademischen Aufsätze taugen und manche Bücher, die nur geschrieben worden sind, um an bestimmte Posten heranzukommen oder albernerweise intelligenter als die Autoren zu erscheinen. Kümmere Dich nicht darum, lieber Francesco, was Dir ein paar vermeintliche Fachleute sagen werden. Die Sache ist hier wirklich ganz einfach: Prufrock wagt es nicht, der geliebten Frau eine Liebeserklärung zu machen, aber er denkt jeden Tag daran, und so vergeht seine Zeit. Aber es ist keine unerbittliche oder gnadenlose Zeit, es ist eine traurige Zeit, in der es für ihn immer noch eine Möglichkeit gibt. »Es bleibt noch Zeit, es bleibt noch Zeit.« Denn die Entscheidung ist eine einfache, rasche und fast banale: »Zeit zum Umkehren und die Treppe hinunterzugehen.« Und hier folgt ein Geniestreich von Eliot, einer von vielen: »Mit einer kahlen Stelle mitten im Haar.« Er beginnt zu altern, unser Mr. Prufrock, und während er altert, stellt er sich beharrlich immer dieselbe Frage. Und fügt gleich darauf in Klammern hinzu: »Sie werden sagen: ›Wie spärlich sein Haar geworden ist!‹« *Sie werden sagen*, Francesco. Ein paar Zeilen später kommt ein ganz ähnlicher Satz: »Sie werden sagen: ›Wie dünn seine Arme und Beine sind!‹« Noch einmal dieses *Sie werden sagen*, Francesco. Prufrock altert auch für die anderen, die nichts von seinem Geheimnis wissen – so wie Guido da Montefeltro will, daß niemand seine Sünde erfährt (»weil niemals aus dem tiefen Grunde ein Wesen ... lebend heimgekehrt«). Die anderen, die immer nur kleine äußere Zeichen bemerkt haben, werden eines Tages bemerken, daß seine Haare immer spärlicher geworden sind und seine Arme und Beine immer dünner, daß sein Dasein in der grauesten Normalität verläuft: »Im Straßenanzug ... Die Krawatte reich und bescheiden.« Hör genau hin, Francesco: »Die Krawatte reich und bescheiden.« Es ist ein Dasein, in dem Reichtum und Bescheidenheit gleichwertig sind, denn man lebt von bescheidenen Reichtümern und in bescheidener Armut (was etwas anderes ist als die malerische Armut auf epischen Bildern wie *Der Vierte Stand* von Pelizza da Volpedo). Und dann wirft dieser Prufrock mit seinem spärlichen Haar und seinen dünnen Armen, dieser Prufrock im grauen Anzug mit der teuren Krawatte, die von einer simplen Nadel gehalten wird, dieser müde und voraussehbare John Alfred Prufrock, der nicht weiß, ob er jemals seine Liebeserklärung machen wird, in zwei Versen dieses ganze schläfrige Bild über den Haufen:

In einer Minute ist Zeit
Für Entscheidungen und Revisionen, die in einer Minute
umgestoßen sein werden.

Kann das sein, Francesco? Genügt dafür eine Minute? Es scheint nicht so, es scheint nur eine Illusion zu sein. Denn im Grunde gibt es nicht viel zu entdecken; die Entscheidungen, die zu treffen sind, bringen nichts, was man nicht schon weiß. Und nachdem er sich gefragt hat, ob es je möglich war, den Gang der Schicksale zu verändern, die sich für alle gleich darstellen in ihrem bescheidenen Reichtum, sagt er mit einem Gefühl der Resignation:

Denn ich habe sie alle bereits gekannt, sie alle –
Ich habe die Abende, Vor- und Nachmittage gekannt,
Ich habe mein Leben ausgemessen mit Kaffeelöffeln;
[...]
Und ich habe die Augen bereits gekannt, sie alle –

Diese Augen, die dich fixieren in einem vorformulierten Satz,
[…]
Und ich habe die Arme bereits gekannt, sie alle –
Diese ringgeschmückten und weißen und nackten Arme
(Aber im Lampenlicht herabgesetzt durch einen leichten braunen Flaum!)
[…]
Hätte ich's damals wagen sollen?
Wie hätte ich anfangen sollen?

Heiliger Himmel, Francesco, was für eine furchtbare Angst, es schon gesehen zu haben, es schon gekannt zu haben! In was für eine Panik kann einen der Gedanke versetzen, das Leben mit Kaffeelöffeln auszumessen, all jene kleinen Augenblicke, jene simplen und voraussehbaren Momente, die man einen nach dem anderen hinter sich bringt. Und die Augen? Jene Augen, die Dich fixieren in einem vorformulierten Satz? In welchem Satz? Und was sind das für reich geschmückte oder nackte Arme, die John Alfred Prufrock so gut kennt? Und an welchen Abenden hat er sie im Licht einer Lampe durch einen leichten braunen Flaum »herabgesetzt« (*downed*) gesehen? Also lohnt sich das Wagnis nicht? Also ist es sinnlos, eine Komödie zu wiederholen, in der Mr. Prufrock inzwischen alle Passagen kennt? So verwandelt sich dieses Liebeslied in eine Art Niederlage, in ein unmögliches Lied. Wäre da nicht noch etwas, das plötzlich hervorschießt und das einem nur die Ambivalenz der Dichtung geben kann. Kann einer wie Prufrock das Universum stören, indem er das eigene Leben mit Kaffeelöffeln ausmißt? Kann einer wie er sich fragen:

Und hätte es sich gelohnt, nach allem,
Nach all den Tassen, der Marmelade, dem Tee,
Zwischen dem Porzellan, zwischen ein paar Gesprächen
. . .

Nein, Francesco, laß Dich nicht täuschen: Es *hätte* sich gelohnt. Auch ohne jenes »nach allem« (*after all*), das Eliot noch mindestens zweimal wiederholt, um zu unterstreichen, wie besinnlich der arme Prufrock gestimmt war. Ich habe dieses Gedicht nicht ausgesucht, um Dir zu sagen »Nimm Dir ein Beispiel daran«, auch nicht, um Dir zu sagen, daß es gute Regel wäre, das Universum zu stören. Ich habe es ausgewählt, um Dir deutlich zu machen, wie stark die Verführung des »Ich habe sie alle bereits gekannt« ist. Ich erzähle Dir diese Geschichte, um Dir zu sagen: Paß auf, denn am Ende hätte es sich gelohnt. Das Finale ist ein Crescendo, das trübe Crescendo eines Mannes, der nicht mehr weiß, was er mit der Frage »Werde ich's wagen?« anfangen soll, und dem nichts anderes mehr übrigbleibt, als sich an »die dicken Enden meiner Tage und Gewohnheiten« zu halten.

O nein, Francesco, hüte Dich vor einem Liebeslied, das am Ende schrecklich ist. Hüte Dich vor der Unschlüssigkeit, vor der Angst, vor dem Nichthandeln, weil's angeblich auf dasselbe rauskommt, weil sich ohnehin nichts ändern wird oder weil, wenn sich alles ändert, es sich auch noch einmal ändern könnte und noch mal und noch mal, in einer Minute, in einer Sekunde. Lerne, was die sinnlose Alltäglichkeit ist, lerne, daß der gelbe Nebel, der seinen Rücken an den Scheiben reibt, Dich nicht immer beschützen kann. Dieser lapidare Vers jedoch sollte sich in Deinem Kopf festsetzen, damit Du ihm entfliehen kannst, wenn sich die Gelegenheit bietet:

Kurzum, ich hatte Angst.

Das ist das feierliche Eingeständnis, das ist der Grund, warum Prufrock nicht gehandelt hat. So ist er am Ende doch noch gezwungen, sich zu bemitleiden. Sich pathetisch zu sagen:

Ich werde alt ... ich werde alt ...
Bald trage ich meine Hosen hochgekrempelt.
Soll ich mein Haar gescheitelt tragen? Werde ich's wagen,
einen Pfirsich zu essen?
Weiße Flanellhosen werde ich tragen und am Strand
entlanggehn.
Ich habe die Meermädchen singen gehört, füreinander.

Ich glaube nicht, daß sie für mich singen werden.

Prufrock hat verloren. Er weiß es und gesteht es sich ein, aber nur sich selber. So endet sein Spaziergang durch die halbverlassenen Straßen bei den Meermädchen:

Wir haben zu lange in den Kammern des Meeres verweilt,
Bei den mit rotem und braunem Seetang gekrönten Meer-
mädchen,
Bis menschliche Stimmen uns wecken und wir ertrinken.

Was ist es, was Prufrock nicht ertragen kann? Er kann die Mittelmäßigkeit seines Lebens nicht ertragen, aber auch nicht die Mittelmäßigkeit des Lebens in der Welt. Er kann nicht ertragen, daß alles nach der Regel des Grau-in-grau verläuft und daß auch er von diesem Grau erfaßt wird. Er ist unfähig, daß Einfachste zu tun, etwas für ihn Unerreichbares:

Nein! Ich bin nicht Prinz Hamlet und sollte es nie sein;
Ich bin ein Höfling, gerade gut genug,
Ein Gefolge zu vergrößern, eine oder zwei Szenen zu beginnen,
Den Prinzen zu beraten; kein Zweifel, ein leichtes Werkzeug,
Willfährig, froh, von Nutzen zu sein,
Umsichtig, wohlbedacht und penibel;
Voll großer Worte, doch ein bißchen hohl;
Manchmal, in der Tat, fast lächerlich –
Und manchmal fast der Narr.

Wenn Du größer bist, werden Dir viele, vielleicht allzu viele sagen, Du lebtest in einer Zeit der Vulgarität. In einer Welt voller Häßlichkeiten, voll trister, unansehnlicher Bauten. Manche werden auch sagen, sogar die Fähigkeit, etwas Schönes überhaupt *wahrzunehmen*, sei verlorengegangen. Aber das ist nicht wahr. Oder jedenfalls nicht immer. Auch wenn sicher mehr Leute geboren werden, die gerade gut genug sind, »ein Gefolge zu vergrößern, eine oder zwei Szenen zu beginnen«, als solche wie der Prinz Hamlet. Aber das war schon immer so, Francesco.

An dieser Stelle werde ich Dir auch erklären, warum ich vorhin die lange Abschweifung über das Theater gemacht habe; und über jenen Ennio Dollfus, der aus dem fernen Elsaß in meine Stadt gekommen war, um uns das Theater zu bringen. In eine Stadt, die – wie alle Städte der Welt – aus lauter Prufrocks und keinen Hamlets besteht. Eine Stadt, in der es leichter ist, sich das ganze Leben lang zu fragen »Werde ich's wagen?«, als ein für allemal mit dem Zaudern zu brechen. Eine weder schöne noch besonders häßliche, eine langweilige, aber auch ein bißchen weise Stadt. Siehst Du, Francesco, ich bin an einem eigentümlichen, einem sehr eigentümlichen Ort geboren; manchmal mache ich mir einen Spaß daraus, im Kreise von Freunden, die Alessandria nicht kennen, historische Anekdoten zu erzählen, und dann staunen alle. Alessandria ist 1169 gegründet worden, aber es hat fast keine Spuren seiner Vergangenheit bewahrt: Es hat keine Kathedrale, keine großen Paläste, es hat, wie ich vorhin erwähnte, nicht einmal einen Fluß, der mittendurch fließt. Sein Fluß, der Tanaro, fließt seitlich daran vorbei, am Rande der Stadt, er bleibt sozusagen für sich. Eines Tages, es war um das Jahr 1200, kam Franziskus von Assisi in jene Gegend. Und da begegnete er einem Wolf, genau wie in Gubbio. Natürlich zähmte Franziskus den Wolf. In Gubbio lebt die Tourismusindustrie noch heute davon, man hat einen Mythos daraus gemacht. In Alessandria erinnert sich niemand daran; da war bloß ein fremder Bettelmönch, der mit den Tieren redete. »Mißtrauen gegenüber dem Noumenon«, hat Umberto Eco das genannt, ein berühmter Alessandriner (wie man einmal sagen wird; für mich ist er ein echter Lehrer). Ich werde Dir hier nicht erklären, was ein *Noumenon* ist. Ich sage Dir nur, daß die Alessandriner ein Mißtrauen gegenüber dem Mysterium haben, gegenüber allem, was irgendwie außerhalb des Gewöhnlichen ist. Auch ihr Schutzheiliger, San Baudolino, ist kein gewöhnlicher Wundertäter. Eines Tages wurde der Neffe des Königs von einem Pfeil in einem Auge getroffen. Man beschloß, Baudolino zu holen, vielleicht würde er ihn noch retten können. Baudolino sah die Reiter heranpreschen, und noch ehe sie ihm berichten konnten, was geschehen war, sagte er: »Ich weiß schon alles, es tut mir leid, aber da ist nichts zu machen, der Junge wird sterben.« Das Wunder bestand darin, daß er den Ausgang richtig vorausgesagt hatte. Ansonsten, was die medizinische Seite betraf, gab es wenig zu intervenieren, wie jedem klar war. Vielleicht ist Baudolino für seinen unleugbaren Realismus heiliggesprochen worden.

»Ich habe mein Leben mit Kaffeelöffeln ausgemessen«, sagt Mr. Prufrock. Dein Vater, Francesco, ist an einem Ort geboren, wo es Kaffeelöffel im Übermaß gibt und die Kunst des Ausmessens sehr verbreitet ist. Du bist in Rom geboren, einer ganz anders gearteten Stadt, wo sich alle für Hamlet halten. Mir hat Rom geholfen, meinen Nächsten mit Kaffeelöffeln auszumessen, mir hat es auch in meinem Beruf geholfen: Es hat meine Ironie entwickelt, es hat mir die Fähigkeit gegeben, von den Dingen Abstand zu halten, den Wert der anderen zu begreifen, alles auf einen kleinsten gemeinsamen Nenner zurückzuführen und nie auf ein größtes gemeinsames Vielfaches. Das ist ein wichtiger Unterschied, Francesco. Ich hoffe, daß Du, der Du vielleicht in einer Stadt voller Hamlets leben wirst, jene verstehen kannst, die in einer Stadt voller Prufrocks gelebt haben. Erinnerst Du Dich an Holden Caulfield? Und an seine Schwester Phoebe? Es gibt eine herausragende Stelle in Salingers Buch, die ich Dir gerade hier zitieren möchte.

Während der Tage, als Holden durch New York streift, um nicht nach Hause zu gehen, geht er auch einmal ins Theater, um eine Freundin auszuführen, Sally, die ihm sehr gefällt. Sie sehen sich ein Stück an, das von einer sehr beliebten, sehr engagierten und sehr intelligenten Truppe gespielt wird: den Lunts.

»Am Ende des ersten Aktes«, erzählt Holden, »gingen wir mit allen anderen Kerlen raus, um eine Zigarette zu rauchen. Das war vielleicht eine Versammlung. Lauter affektierte Esel, die wie besessen rauchten und laut über das Theaterstück redeten, damit jeder hören und bewundern konnte, wie geistreich sie waren ... Sally sagte nicht viel, abgesehen von ihrem Schwärmen über die Lunts ... Sally sagte andauernd: ›Den kenne ich von irgendwoher.‹ Überall, wo man mit ihr hinging, *kannte* sie jemanden oder bildete es sich ein ... Schließlich entdeckte dieser Kerl sie und kam zu uns herüber. Die Begrüßung hättet ihr sehen müssen. Als ob sie sich seit zwanzig Jahren nicht gesehen hätten ... Das Komische daran war, daß sie sich vermutlich nur *einmal* auf irgendeiner affektierten Party begegnet waren ... Ihr hättet ihn sehen sollen, als Sally ihn fragte, wie ihm das Stück gefiele. Er gehörte zu diesen aufgeblasenen Affen, die sich immer erst *Raum* schaffen müssen, bevor sie eine Frage beantworten ... Er sagte, das Stück *an und für sich* sei kein Meisterwerk, aber die Lunts seien natürlich absolute Engel. Herrgott. *Engel!* Das hat mich fertiggemacht.«

»Angels. For Chrissake. *Angels.* That killed me«, schreibt Salinger in seinem Englisch. Ich habe gelernt, denen zu mißtrauen, die immerzu Wörter wie Engel, außerordentlich, mythisch und was weiß ich noch gebrauchen. Und das nicht erst mit Dreißig, sondern als ich sechzehn war. Geholfen hat mir dabei der Umstand, daß ich in einer Stadt geboren bin, in der man es nicht einmal außerordentlich fände, wenn ein Komet mitten in die Altstadt fiele. Und es hat mir geholfen, dort wegzugehen, um in eine Stadt zu ziehen, in der man sogar noch das kleinste Feuerwerk *außerordentlich* findet. Ich trauere der übertriebenen Nüchternheit von Alessandria nicht nach, aber sie war eine gute Schule des Lebens. Ich hoffe, daß Du, Francesco, eines Tages verstehen kannst, was das heißt. Mit einem Wort: Lerne von Prufrock, aber hüte Dich vor ihm. Mach ihn, wenn Du willst, zu einem Prinzen Hamlet, und befreie ihn von jener verdammten Frage. Du wirst Männer und Frauen kennenlernen, die in Zimmern umhergehen, in Wartehallen auf Flughäfen, in Fluren vor Kongreßsälen und dabei über Michelangelo reden; und sie werden Dummheiten sagen, banales Zeug. Du wirst sie tolerieren, aber Du wirst sie auch beurteilen müssen, und zwar ohne allzuviel Nachsicht. Und ich hoffe, Du wirst imstande sein, das Universum zu stören, auch wenn Dir jenes Universum manchmal sehr klein vorkommt, auch wenn Dir scheint, daß Dein Universum niemanden interessiert.

Nein, Francesco, ich hoffe, daß Du nie sagen mußt:

> Kurzum, ich hatte Angst.

Und doch haben wir schon über Angst gesprochen. Über die Angst, als John Silver den Matrosen tötet, der sich weigert, seine Seele den Piraten zu verkaufen. Oder als der blinde Pew die Straße heraufkommt und sich durch das Tappen seines Stockes auf dem hartgefrorenen Boden ankündigt. Wir haben davon gesprochen, wie beklemmend Angst ist, die wirkliche Angst. Aber die von Prufrock ist etwas ganz anderes. Um sie zu besiegen, genügt nicht der physische Mut, man braucht dazu eine andere Art von Mut, die man sich mit der Zeit erwerben, oder besser gesagt, die man stärken muß. Aber das wird nicht leicht sein, denn oft wirst Du um Dich herum nur Wüste haben, oft werden Dir die Gesten Deines Lebens wertlos und leer vorkommen; so wie die von Prufrock. Denn auch Du wirst eines Tages die Treppe hinuntergehen und Dir Gedanken darüber machen, was die anderen sagen werden. Und auch Du wirst an einen Moment kommen (und das wird viel früher sein, als Du denkst, und noch viel illusorischer, als Du es Dir dann schon vorgestellt haben wirst, und Du wirst Dich fast sofort eines anderen besinnen müssen), an einen Moment, in dem Dir alles so vorkommen wird, als hättest Du es schon gesehen, so daß die Langeweile überhandnehmen wird. Und in diesem Moment wirst Du Dich nicht nur an Prufrock erinnern, sondern auch an *Das wüste Land*. Und wenn Du gezwungen sein wirst, leere Phrasen anzuhören, hohles Geschwätz, falsches Außerordentlichkeitsgerede von irgendwelchen Leuten, dann, Francesco, dann werden Dir diese Anfangsverse von *Das wüste Land* wieder einfallen:

> April ist der grausamste Monat, er treibt
> Flieder aus toter Erde, er mischt
> Erinnern und Begehren, er weckt
> Dumpfe Wurzeln mit Lenzregen.
> Winter hielt uns warm, bedeckte
> Land in Schnee des Vergessens, nährte
> Karges Leben mit trockenen Knollen.

Es ist dies einer der berühmtesten Anfänge in der ganzen Literatur. April ist grausam; denn in einer Welt, in der nichts Wert hat, läßt er die Natur wiederauferstehen, ihre Wurzeln, ihre Blumen, sogar ihre trockenen Knollen. Und wenn die Natur sich Anfang April – in Deinem Monat, Francesco, im Monat Deiner Geburt – wieder zu regen beginnt, gilt das nicht für den ganzen Rest, für jene Welt von kosmopolitisch tuenden Schwätzern und Schickeriatypen, die Eliot uns gleich darauf vorführt:

> Sommer überfiel uns, kam über den Starnberger See
> Mit Regenschauer; wir rasteten im Säulengang
> Und schritten weiter im Sonnenlicht in den Hofgarten,
> Tranken Kaffee und plauderten eine Stunde.
> *Bin gar keine Russin, stamm' aus Litauen, echt deutsch.*
> Und als wir Kinder waren, beim Großfürsten wohnten,
> Meinem Vetter, fuhr er mit mir Schlitten,
> Und ich fürchtete mich. Er sagte, Marie,
> Marie, halt dich fest. Und hinunter ging's.
> In den Bergen, da fühlst du dich frei.
> Ich lese bis tief in die Nacht, und im Winter geh' ich in den
> Süden.

Wundere Dich nicht über diese scheinbar sinnlosen Sätze. Du wirst noch viele von der Sorte hören, überall, wo Du hingehst. Die Welt ist voller Leute, die schreien: »Halt dich fest.« Voller Leute, die sagen: »In den Bergen, da fühlst du dich frei.« Und voller Leute, die einem versichern, daß sie gar keine Russen, sondern aus Litauen seien, *echt deutsch* (der kursiv gedruckte Vers ist bei Eliot deutsch). Da hast Du es, *Das wüste Land*, ein langes Gedicht oder kurzes Epos, das man Kindern nicht erklären sollte, denn es ist zu kompliziert. Sogar Eliots Verleger hatte Angst und bat den Autor um einige erklärende Anmerkungen, bevor er das Werk veröffentlichte. Eliot schrieb sie, doch seine Anmerkungen, so wie sie dastehen, erklären nichts, sondern machen das Ganze nur noch komplizierter. Aber Du wirst es schon verstehen, Francesco, ohne viele Geschichten zu machen und ohne allzuviel Angst: Die Literatur ist kein Monolith, sie will mit Demut, aber auch mit Entschlossenheit angepackt werden. Also, das *wüste Land* ist dasselbe wie das von Prufrock: das Land der billigen Absteigen für eine Nacht, ein trostloses Land, worin Eliots Pessimismus in jeder Zeile zu spüren ist. Aber der ist kein verzweifelter Pessimismus, eher ein bewußter und hochmütiger. Nachdem er einem Großfürsten das Wort erteilt hat, nachdem er von Schlitten und Seen erzählt hat, fragt sich Eliot:

> Was ist das Wurzelwerk, das greift, der Ast, der sproßt
> Aus diesem Steingeröll? O Menschensohn,
> Du kannst nicht sagen, raten, denn du kennst nur
> Gehäuf zerbrochner Bilder unter der glühenden Sonne.

Hast Du gemerkt, daß sich in diesem Gedicht der Ton geändert hat, verglichen mit dem Gedicht über Prufrock? Daß es hier nicht mehr ein intimes Selbstgespräch ist, ein Schlüssellochblick auf jemanden, der sich selbst bespiegelt? Hier ist Prufrock zurückgetreten ins Grau-in-grau der Menge, wie er selbst gesagt hätte: Er hat in diesem unserem Kapitel ein paar einleitende Sätze gesagt und ist in den Chor zurückgetreten, in der Masse untergetaucht. Eine Ruine, eine Wurzel, eines der vielen zerbrochenen Bilder unter der glühenden Sonne.

Du mußt wissen, Francesco, meine Passion für *The*

Waste Land, so der Originaltitel, ist eine richtige Obsession gewesen. Ich habe lange daran gedacht, etwas über dieses Gedicht zu schreiben, einen Aufsatz vielleicht. Jetzt schreibe ich Dir diese Zeilen, um Dich aufzufordern, Eliot zu lesen, und zwar so, als wäre er eine Linse. Jawohl, eine Vergrößerungslinse, die Dir nützt, die Welt um Dich herum besser zu sehen und zu verstehen. Wenn Du das gelernt hast, wirst Du bemerken, daß diese Verse Dir unerwartete Einsichten schenken können. Mit einem Wort, Francesco, nimm dieses Gedicht wie ein Barometer, das Barometer einer Epoche der Krise. Erinnerst Du Dich, daß ich zu Anfang dieses Buches von einer geheimnisvollen Madame Sosostris gesprochen habe? Wir werden gleich zu ihr kommen. Aber im Gegensatz zu dem, was wir bei Prufrock gemacht haben, wo wir Vers für Vers fast das gesamte Gedicht gelesen haben, werden wir hier springen. Wir werden da und dort etwas weglassen und im Text weitergehen – eine Art zu lesen, die eine bestimmte verlogene Kultur nicht zu akzeptieren gewohnt ist. Du mußt wissen, Francesco, es war einmal ein sehr kluger Mann, der hieß Samuel Johnson, aber alle nannten ihn Doktor Johnson. Doktor Johnson ist berühmt für die Dinge, die er gesagt und geschrieben hat. Eines Tages fragte ihn jemand, ob er die Bücher immer von Anfang bis Ende lese, und Dr. Johnson erwiderte ironisch: »Wieso? Liest man denn Bücher von Anfang bis Ende?« Jeder, der wirklich lesen kann, weiß, daß das Lesen kein Eisenbahngleis ist, daß es oft sprunghaft vorgeht und manchmal auch abgebrochen werden kann, weil man genug gelesen hat. Aber sie werden Dir immer dieselbe Frage stellen: »Hast Du wirklich den ganzen Proust gelesen?« Und die Lehrer werden Dir sagen, daß ein Buch nicht gelesen sei, wenn es nicht *aus*gelesen worden sei. Dabei wirst Du in Deinem Leben auf fahrende Busse aufspringen, in Züge steigen, die schon seit vielen Stunden unterwegs sind, Dich in Diskussionen einmischen, bei denen Du nicht weißt, was vorher gesagt worden ist, Dir Filme ansehen, die schon längst begonnen haben, und Du wirst im Radio oder auf der Straße Musikstücke hören, von denen Du vielleicht nie erfährst, wie sie angefangen haben, wie der erste Satz oder die erste Strophe war. Ganz zu schweigen von der Fernbedienung des Videogeräts, mit der Du diesen Effekt noch vervielfachen kannst. Das tust Du ja schon. Wenn Du bei einem Film, statt ihn von Anfang bis Ende zu sehen, lieber mehrmals an dieselbe Stelle zurückgehst, dann tust Du das, weil Du, statt Dich dem Gang der Erzählung zu überlassen, lieber zum soundsovieltenmal Deine Lieblingsszene siehst. Das gibt es auch bei Gedichten. Wenn Du einige Verse auswendig lernst und sie gern vor Dich hin sagst, immer wieder dieselben und nur diese, um auf ihren Klang zu horchen, dann machst Du etwas ganz Ähnliches, wie wenn Du Dir immer wieder die eine Stelle von *Susi und Strolch* ansiehst. Die mit den beiden Siamkatzen, die den Hund ärgern. Und das machst Du ganz selbständig, indem Du die Rücklauftaste drückst und an den Anfang der Szene zurückgehst. Genauso werde ich es jetzt machen, Francesco: Ich nehme dieses Gedicht von Eliot und gehe, als ob es einer von Deinen Zeichentrickfilmen wäre, zu den Stellen und Versen, die ich besonders liebe; die mich in vielen Momenten meines Lebens als Heranwachsender begleitet haben. Die ich mir Dutzende von Malen wieder vorgesagt habe, als ob sie ein Lied wären. Darf man das? Aber sicher darf man das. Ich habe es so mit den Versen vom Hyazinthenmädchen gemacht, ich habe es so mit denen von Madame Sosostris gemacht. Erinnerst Du Dich, daß ich schon von ihr gesprochen habe? Daß ich Dir von einer Kartenlegerin mit einem seltsamen Namen erzählt habe? Nun, nachdem uns Eliot gesagt hat, daß unsere Zivilisation eine tote Wüste ist, in der nichts wächst und kein Wasser rauscht (»Der tote Baum gibt Obdach nicht, die Grille Trost nicht, / Der trockne Stein kein Wasserrauschen«), nachdem er uns leere und sinnlose Phrasen vorgeführt hat, kommt er auf das wichtigste Thema zu sprechen. Und schreibt in drei Versen:

> Madame Sosostris, die berühmte Seherin,
> War böse erkältet, nichtsdestoweniger
> Gilt sie als die weiseste Frau in ganz Europa.

In jenem wüsten Land, in dem schemenhafte Menschen umgehen, Menschenmassen, die sich in endlosem Zug über die London Bridge wälzen, »so viele, ich hätt' nicht gedacht, der Tod hätte so viele hingemacht«, wie Eliot seinen Lieblingsdichter Dante zitiert (»si lunga tratta di gente, ch'io non avrei mai creduto che morte tanta n'avesse disfatta«), gilt Madame Sosostris, eine vulgäre Kartenlegerin, die nichts von dem uralten, mythischen Spiel der Tarotkarten weiß, als die weiseste Frau in Europa, nur weil sie so tut, als ob sie mit jenen diabolischen Karten umgehen könnte.

Du wirst anderen Kartenlegern begegnen, Francesco. Sie nennen sich gern »Intellektuelle« oder »Kommunikationsberater« oder auch »Manager«, »Schriftsteller« oder was weiß ich, es spielt keine Rolle, wie sie sich nennen. Schau ihnen in die Augen, bevor Du mit ihnen sprichst. Versuche herauszufinden, ob sie die Tarotkarten wirklich lesen können oder nur so tun; und hüte Dich vor jenen Herrschaften, die kein Gedächtnis haben, aber imstande sind, die Texte vergangener Kulturen schamlos zu plündern, ohne sie zu begreifen und ein Gespür für sie zu entwickeln. Diese modernen Kartenleger, die sich immerzu auf die Zukunft berufen (»die Zukunft der Gesellschaft, der Kultur, der Literatur, der Kunst«), haben die Welt der Kultur in eine öde Angelegenheit verwandelt, in ein nebensächliches Spielchen für Müßiggänger, die keine Lust haben, irgendwem irgendwas zu sagen. Deshalb wirst Du später oft zu hören bekommen, daß ein Anwalt nützlicher sei als ein Schriftsteller und ein Industrieller verdienstvoller als ein Dichter. Und nur am späten Abend nach Festgelagen, wenn alle viel getrunken haben und zum Großmut aufgelegt sind, wird der eine oder andere von jenen Herren, die überzeugt von der Nutzlosigkeit alles Denkens sind, das sich nicht direkt aufs Handeln anwenden läßt, Dir gestehen, daß er in seiner Jugend die Dichter und die Literatur geliebt hat. Und wird sich mit Wohlwollen über diejenigen äußern, die sich ihren Lebensunterhalt ausschließlich mit Schreiben verdient haben. Fall nicht darauf rein, Francesco, das ist nur Anbiederei: Die Literatur ist weder ein Traum, den man unter Verschluß hält, noch ein Vorzeigestück, das man in einer Vitrine ausstellt. Sie ist eine Disziplin, eine Methode, um die Welt kennenzulernen. Sie erfordert Logik, Intuition und handwerkliches Können. Einen Aufsatz kann man in einem Zug niederschreiben, nicht einen Roman, denk daran. Es gibt keine Inspiration, die vorhält. Nur Mühe, Methode und pingelige Genauigkeit können ein Buch, eine Gedichtsammlung, eine Erzählung groß machen. Sieh Dir Eliot an, wie gekonnt er sich scheinbar in tausend Abschweifungen verliert, aber alles unter Kontrolle behält, es mit rigoroser Strenge zusammenzwingt und mit der Geschicklichkeit eines erfahrenen Handwerkers ausarbeitet. Als *The Waste Land* 1922 erschien, reagierten nicht wenige Kritiker negativ. Einer schrieb, ein Gedicht, das es nötig habe, in Anmerkungen erklärt zu werden, sei nicht besser als ein Bild, unter dem geschrieben stehe »Dies ist ein Hund«; und er frage sich, wie man ein Zitat von Ovid anführen könne, das mitten im Satz beginne, ohne Subjekt oder Verb, und bei dem man am Ende verschweige, von wem es stamme. Und er fügte hinzu: »Und wenn jemand auf der London Bridge einen anderen begrüßt, weil sie zusammen in Mylae gewesen seien, wie soll dann der Leser erraten, wenn er nicht gerade Althistoriker ist, daß dies der Name einer berühmten Seeschlacht während der Punischen Kriege war?«

Man kann, Francesco, man kann sehr wohl so was machen; damals war es vielleicht nicht gestattet, heute tun es alle. Heute wird Dir niemand irgend etwas erklären, da alle den festen und unumstößlichen Grundsatz befolgen, daß man bei Kunstwerken nichts erklären könne, ohne dabei Gefahr zu laufen, sie einzuschränken oder gar grobe Fehler zu machen. Gib nichts darauf, Francesco, frag ruhig immer, wenn Du etwas nicht verstehst. Vielleicht werden die Erklärungen dann noch dunkler sein, aber das macht nichts. Fürchte niemals, naiv zu erscheinen. Die Erpressung mit der Naivität ist ein Machtmittel, das keine Gewalt über Dich haben darf, denn es ist ein billiger Trick, der nur bei armen Teufeln funktioniert.

Also warum Mylae? Du darfst es ruhig fragen. Und ich antworte Dir: Mylae ist nicht nur der Name einer berühmten Schlacht. In diesem Gedicht ist es sehr viel mehr. Nachdem Eliot ein trostloses, von Dekadenz erfülltes Bild der gegenwärtigen Welt gegeben und Madame Sosostris zum Inbegriff der Vulgarität dieser Welt gemacht hat, wechselt er plötzlich die poetische Szenerie. Es ist dies eine Vorgehensweise ähnlich der in Filmen. Du kennst sie. Du weißt schon, was eine Montage ist. Das gibt es auch in Gedichten:

> Unwirkliche Stadt,
> Im braunen Nebel eines Wintermorgens
> Strömte ein Menschenhaufen über die London Bridge,
> so viele,
> Ich hätt' nicht gedacht, der Tod hätte so viele hingemacht.
> […]
> Da sah ich einen, den ich kannte, hielt ihn an und rief:
> »Stetson!
> Du warst doch mit mir auf den Schiffen bei Mylae!«

Da hast Du wieder den Nebel, Francesco. Der gelbe Nebel, der wie ein großer Kater den Rücken an Prufrocks Scheiben rieb, hat jetzt eine braune Farbe: die Farbe eines Wintermorgens. Du kannst Dir nicht vorstellen, wie oft ich solch einen Nebel gesehen habe: braunen Nebel an Wintermorgen. Und jedesmal, wenn ich ihn sah, mußte ich an diesen Vers von Eliot denken. Ja, Eliots Vers hat mich überhaupt erst gelehrt, den

Nebel richtig zu sehen. Vorher war er für mich, der ich in einer der nebligsten Städte des Nordens aufgewachsen bin, bloß eine Angelegenheit des Wetters gewesen. Danach ist er zu einer Angelegenheit der Poesie geworden. Nun, und in jener unwirklichen Stadt, wo schemenhafte Menschenmassen über die London Bridge strömen, begegnet der Dichter einem, den er gekannt hat und den er Stetson nennt. Wer mag dieser Stetson gewesen sein? Stetson ist eine bekannte amerikanische Hutmarke. Ein großer amerikanischer Dichter trug Stetsonhüte, Ezra Pound, dem Eliot die erste Fassung von *The Waste Land* zugeschickt hatte. Woraufhin Pound zur Feder gegriffen und sich darangemacht hatte, den überlangen Text zu kürzen, zu korrigieren und alles anzustreichen, was ihn nicht überzeugte. Viele seiner Anregungen sind aufgegriffen worden, und Eliot selbst dankt dem Freund in einer vorangestellten Widmung mit den Worten: »Für Ezra Pound, den besten Schmied« (im Original steht hier wieder ein Dante-Zitat: »For Ezra Pound, *il miglior fabbro*«). Aber auch im Gedicht selbst kommt Pound noch einmal vor: Sie begegnen sich wieder, nachdem sie zusammen in Mylae gewesen waren, um jene Kultur und Zivilisation zu verteidigen, die sie beide verkörperten.

Die Seeschlacht von Mylae, die im Jahre 260 vor Christus zwischen den Römern und den Karthagern geschlagen wurde, ist ein entscheidender Moment in der Geschichte der Zivilisation, denn bei Mylae siegten die Römer über die »Barbaren« aus Karthago. Auch wenn seitdem mehr als zweitausend Jahre vergangen sind, kämpften daher auf jenen Schiffen – wie in einem der Märchen, die ich Dir abends vor dem Einschlafen vorlese – die beiden Dichter Eliot und Pound. Aber damit nicht genug, Du mußt das alles auch mit dem Anfang des Ganzen verbinden, den ich Dir oben zitiert habe: mit jenem Anfang, der sich auf die Vegetations- und Fruchtbarkeitsriten bezieht. Erinnerst Du Dich? April beginnt wenige Tage nach der Frühlingstagundnachtgleiche, die Pflanzen keimen auf, die Erde erwacht wieder nach ihrem langen Winterschlaf. In der Präambel zu seinen Anmerkungen erklärt Eliot, daß er sich zwei ethnologischen Werken besonders verpflichtet gefühlt habe; das eine davon ist *Der goldene Zweig* von James Frazer, eines jener Bücher, die ich jahrelang mit mir herumgetragen habe und die mir geholfen haben, vieles zu verstehen, besonders in der Literatur. Siehst Du, wie alles ineinandergreift? Eliot verweist auf diesen Herrn namens Frazer, und Frazer verweist auf einen anderen und der wieder auf einen anderen und so weiter ... Erinnerst Du Dich, daß ich Dir gesagt habe: Paß auf, die Bücher sprechen miteinander? Und sie sind heimtückisch, sie verbergen immer etwas und geben es untereinander weiter. Dir bleibt die Aufgabe, zu entdekken, was es ist und wo es versteckt ist. Mit Büchern spielt man, wie in einem Ringelreihen, als wär's ein Versteckspiel. Bücher erzählen Dir Geschichten, damit Du andere Geschichten erfinden kannst; und manchmal vermengen sie wahre und erfundene Geschichten so miteinander, daß beide gleich wichtig erscheinen. Darum verweist Eliot, kaum daß er einen Frühlingsanfang ganz mit seinen Worten beschrieben hat, sogleich auf eine ethnologische Untersuchung. Und wenn Du diese Untersuchung dann liest, die Seiten und Kapitel, die Eliot selber Dir angegeben hat, was entdeckst Du dann? Du entdeckst, daß die Schiffe von Mylae und die Vegetationsriten kein Zufall sind, denn ein paar Jahrzehnte nach jener berühmten Schlacht ist in Rom etwas Wichtiges passiert.

Gegen Ende ihres langen Kampfes mit Hannibal, im Jahre 204 vor Christus, übernahmen die Römer einen orientalischen Kult, den Kult der phrygischen Göttermutter Kybele, denn ihren wunden Seelen war der Trost einer Prophezeiung zuteil geworden. Und was besagte diese Prophezeiung? Sie besagte, daß die Karthager, die fremden Invasoren, aus Italien vertrieben werden würden, wenn die große orientalische Göttin nach Rom gebracht würde. Sofort wurden Botschafter an einen Ort namens Pessinunt geschickt, der die heilige Stadt der Kybele in Phrygien war. Dort wurde den Botschaftern Roms ein kleiner schwarzer Stein anvertraut, der die mächtige Gottheit repräsentierte, und sie brachten ihn nach Rom, wo er mit großer Ehrerbietung in Empfang genommen und im Tempel der Siegesgöttin auf dem Palatinshügel untergebracht wurde, nicht weit von dem Haus, wo wir wohnen, Francesco. Es war Mitte April, als die Göttin kam, und sofort machte sie sich ans Werk: In jenem Jahr war die Ernte so gut wie seit langem nicht mehr, und im selben Jahr wurden Hannibal und seine Soldaten geschlagen und mußten mit ihren Schiffen übers Meer zurück nach Afrika fliehen. Während Hannibal einen letzten Blick auf die italienische Küste warf, die langsam am Horizont verblaßte, konnte er jedoch nicht voraussehen, daß Europa, nachdem es ihn und seine Soldaten, also den Orient, zurückgeschlagen hatte, sich den orientalischen Göttern ergeben würde.

Im April wurde der schwarze Stein, der die Göttin repräsentierte, nach Rom gebracht. Zur selben Zeit wurde die Niederlage Hannibals und damit Karthagos besiegelt. Der Westen (der vor diesem Moment noch nicht »der Westen« gewesen war) hatte Karthago besiegt, aber zugleich nachgegeben, indem er eine mächtige östliche Gottheit bei sich aufnahm und zu verehren begann. Seit seiner Geburtsstunde war der Westen oder das Abendland – jenes Abendland, dessen Niedergang Eliot beklagt, jener Westen, zu dem Du und ich gehören – stets von einer tiefen Ambivalenz geprägt: von der Ambivalenz, den Osten vertrieben zu haben, um dann eine magisch-religiöse Brücke zum Osten zu schlagen.

Ich will das hier nicht weiter vertiefen, Francesco. In einer ersten Fassung dieses Kapitels wollte ich Dir auch den Grund für das lateinische Zitat am Anfang von *The Waste Land* erklären, das aus dem *Satyricon* von Petronius Arbiter stammt und dann von Tiresias, dem blinden Seher, den Juno geblendet hat. Lauter Personen, die zusammen mit anderen in diesem langen Gedicht vorkommen. Ich wollte Dir auch enthüllen, zumindest teilweise, was es mit der leeren Karte auf sich hat, die Madame Sosostris nicht zu deuten weiß:

… Hier, sagte sie,
Ist Ihre Karte, der ertrunkene phönizische Seemann.
(»Perlen sind, was seine Augen waren!« Sehen Sie!)
Hier ist Belladonna, die Dame der Felsen,
Die Dame der Situationen.
Hier ist der Mann mit den drei Stäben, hier das Rad,
Hier der einäugige Kaufmann. Und diese Karte,
Die leere, ist die Last auf seinem Rücken,
Die zu sehen mir verboten ist …

Aber dann habe ich es vorgezogen, Dir diese Dinge nicht zu erklären, damit Du sie selber herausfinden kannst, wenn Du alt genug bist. Es wäre sonst so gewesen, als hätte ich Dich in einen Hubschrauber gesetzt, um Dich auf den Gipfel eines Berges fliegen zu lassen. Wenn Du eines Tages vielleicht einmal ein Buch mit dem Titel *Der Berg Analog* liest, wirst Du begreifen, daß man das nicht darf: Den Aufstieg muß man Schritt für Schritt machen. Ich wollte Dir hier die andere Seite von Eliot zeigen; und die andere Seite von Prufrock. Ich habe Dir keine Zitate erspart, auch keine komplexen Bezugnahmen, aber ich habe versucht, sie Dir auf möglichst einfache Weise zu erklären, was nicht unbedingt heißt, daß es dadurch *einfach* wird.

Lieber Francesco, im ersten Teil diesen Kapitels habe ich Dir vom Theater erzählt, habe Dir gesagt, daß es notwendig ist, etwas zu wagen, und habe Dir empfohlen, keine Angst zu haben, oder genauer: nicht die Angst von Prufrock zu haben, höchstens die von Jim Hawkins. Im zweiten Teil habe ich dann versucht, Dir begreiflich zu machen, daß Prufrocks Gefühl der Verlassenheit und Trostlosigkeit etwas sehr viel Weitergreifendes ist: daß die Geschichte und die Kulturen sich miteinander vermischen, daß der Niedergang einer Welt, dessen Konturen Eliot bereits 1922 sah, nicht bedeutet, daß Deine Welt notwendigerweise in Scherben liegt. *The Waste Land* bedeutet vieles, und nur die Dummen glauben, sie hätten es »ausgeschöpft«. Ich möchte Dich nur noch auf eine der vielen Bedeutungen aufmerksam machen, nämlich auf den Umstand, daß die Römer sich schließlich retten konnten, aber nur, weil sie es verstanden hatten, obwohl sie die Stärkeren waren, die Kulturen anderer aufzunehmen und sich zu eigen zu machen. Deshalb mußt Du Angst vor dem Mangel an Kultur haben und vor denen, die keine Sprache finden wollen, um mit anderen zu kommunizieren. Deshalb mußt Du denen mißtrauen, die ihre eigene Vergangenheit nicht kennen wollen, sei es die Schlacht von Mylae oder etwas anderes.

Leider wirst Du das oft erleben, und Du wirst bemerken, daß die Prahlerei mit der eigenen Ignoranz vulgär ist. Sie ist nicht die Demut dessen, der sagt: »Ich weiß, daß ich nichts weiß«, sie ist die Dummheit dessen, der sagt: »Mir liegt nichts daran zu wissen.« Und jene andere Dummheit, die dazu führt, ein Gedicht wie *The Waste Land* als eine ebenso mühsame wie nutzlose intellektuelle Spielerei zu betrachten. Als geistige Verrenkung von Leuten, die nichts Besseres zu tun haben. Kümmere Dich nicht darum, Francesco. Achte lieber auf die letzten Verse, die ich Dir von dem Gedicht zitieren will, es sind die mit dem Hyazinthenmädchen: eine Bezugnahme auf einen Ort der Liebe, auf ein Verlangen, das vielleicht unerfüllt geblieben ist, vielleicht nie eine Chance auf Erfüllung hatte. In diesen wenigen Versen ändert sich der Ton noch einmal, er wird fast fröhlich. Die Gereiztheit über das leere Geschwätz und die Trauer über die Trostlosigkeit der modernen Zeiten machen Platz für eine Erinnerung, die einen anderen Geschmack hat:

»Vor einem Jahr, da schenktest du mir Hyazinthen;
Sie nannten mich das Hyazinthenmädchen.«

Es ist eine *Sie*, die hier spricht, und sie erinnert an eine glückliche Episode. Aber gleich darauf folgt ein »Jedoch« (*yet*), das mit einem Schlag die sonnige Atmosphäre beendet, die kurz zuvor noch dem braunen Nebel über der London Bridge gegenübergestellt worden war – um nicht vom Grau der spärlichen Haare des John Alfred Prufrock zu sprechen:

> Jedoch, als wir heimkehrten, spät, vom Hyazinthen-
> garten,
> Deine Arme voll und dein Haar feucht, da konnt' ich
> Nicht sprechen, die Augen versagten mir, ich war weder
> Tot noch lebendig, und ich wußte nichts,
> Schaute ins Herz des Lichts, ins Schweigen ...

Dieses »Jedoch« ist vom Dichter: Er ist es, der hier spricht und sein Scheitern beschreibt. Obwohl sie für ihn das Inbild der Fülle und Sinnlichkeit ist, also das Inbild der Schönheit, hat er »nicht sprechen« können, und »die Augen versagten« ihm. Scheint Dir das ein negatives Bild zu sein, Francesco? Vielleicht. Aber es hängt davon ab, wie man es liest. Die aufmerksamen Kommentatoren dieser Dichtung werden Dir sagen, daß jener Garten der Ort einer gescheiterten Liebe sei und daß das Bild sich auf die Sage vom Gral beziehe, in welcher der reine Ritter die Prüfung nicht besteht, da er die Frage nach dem esoterischen Symbol des Gralskelches nicht zu stellen weiß. Sicher sehr wahr, aber für mich war der Garten mit den Hyazinthen etwas ganz Ähnliches wie der braune Nebel an einem Wintermorgen. Ich war im Nebel geboren, aber ich kannte ihn nicht, oder besser: Ich konnte ihn nicht benennen. Und in den unruhigen Träumen eines Heranwachsenden hatte sich das Verlangen – oder der Ort des Verlangens – in jenen Hyazinthengarten verwandelt. Womit er zu einem poetischen Ort geworden war, und zwar so ausschließlich, daß mir erst vor kurzem klargeworden ist, daß ich gar nicht weiß, wie Hyazinthen eigentlich aussehen. Ich würde sie nicht erkennen. Dennoch bewege ich mich sehr gut durch die Opfer-Symbolik des Gottes Hyazinth.

Du siehst, die Dichtung ist nicht immer Bild, und sie muß nicht immer auf etwas verweisen: Manchmal läßt sie Dich auch von etwas träumen, von einem Ort, dessen Aussehen Du nicht kennst, aber dessen Unruhe Du wahrnimmst.

Hier endet dieses lange Kapitel über Eliot. Es endet mit dem Hyazinthenmädchen, ich wollte es so. Von der ersten Zeile an war mir klar, daß ich diese Verse als letzte zitieren würde. Warum? Weil sie mein Verlangen begleitet haben, und nicht nur das nach Frauen. Auch das nach Dingen und nach Ideen. Genau darüber werden wir im nächsten Kapitel sprechen. Ich werde Dir darin von einem Roman erzählen, von einem Film, einer Leidenschaft, einem eigenartigen Holzgeruch sowie von der Begabung, von der Schwierigkeit, ein Talent aus nächster Nähe zu erleben, es bei den anderen zu erkennen und es bei sich selbst zu ertragen. Wir sind gleich soweit, Francesco, Du brauchst nur umzublättern.

Die Begabung

Damit sind wir beim schwierigsten Kapitel angelangt: beim Problem der Begabung. Wir haben uns inzwischen weit entfernt von der halb englischen, halb exotischen Atmosphäre der Schatzinsel. Holden und die kleine Phoebe reden vielleicht gerade irgendwo im literarischen Universum miteinander (denn es gibt einen Ort, literarisches Universum genannt, wo die Personen aus den Büchern miteinander reden; ich werde Dir zum Schluß davon erzählen). Und in Eliots wüstem Land versucht vielleicht gerade Mr. Prufrock zu verstehen, warum er es nie gewagt hat. Ich habe mir immer eine parallele Welt vorgestellt, in der die Personen der Literatur unsere Welt betrachten, so wie man das Fernsehen betrachtet: alle zusammen, Odysseus und Madame Bovary, Leopold Bloom und Parzival, Hamlet, Charlus, Hans Castorp, Renzo und Lucia, Miss Dalloway und William von Baskerville. Immer wieder kommt noch jemand hinzu, sei's aus einer wiedergefundenen alten Handschrift oder aus einem gerade erschienenen neuen Roman. Manchmal kommt es auch vor, daß eine Person aus Fleisch und Blut sich unter diese Phantasiefiguren mischt, unter diese Ritter der Literatur, der Erfindung und des Traums, weil ein Schriftsteller sie wiederentdeckt und zu literarischer Würde erhoben hat. Sie, die Personen der Geschichte, kommen durch die Verwicklungen des literarischen Textes zu neuem Leben – so wie Dein Marienkäfer, der jeden Tag eine andere Geschichte hat, gerade weil er kein echter Marienkäfer ist. Echte Marienkäfer machen jeden Tag mehr oder weniger immer dasselbe: Sie fliegen herum, suchen sich etwas zu essen, schlafen vielleicht, verteidigen sich gegen andere Insekten, die sie fressen wollen. Nicht so »Dein« Marienkäfer, er kommt jeden Tag wieder und macht die verschiedensten Sachen, genauso wie Peter Pan, Lederstrumpf oder der Graf von Monte Christo. Aber es gibt auch Personen, die sozusagen in der Schwebe zwischen Realität und Roman sind, ohne eine der beiden Existenzweisen aufzugeben. Sie können nicht bloß Romanfiguren sein, das wäre zuwenig; aber es genügt ihnen auch nicht, bloß real existiert zu haben und dabei vielleicht sogar sehr berühmt gewesen zu sein. Nein, die beiden Rollen ergänzen sich für sie, die eine kann auf die andere nicht mehr verzichten. Solche Personen sind selten, sehr selten, Francesco. Aber wenn Du sie findest, wird das Spiel der Literatur so faszinierend, daß der Roman, der diese Personen hervorgebracht hat, der Roman, in dem sie sich bewegen, fast zweitrangig wird und im Hintergrund bleiben kann. So geschieht es mit dem kurzen Stück von Puschkin über Mozart und Salieri. Und so geschieht es noch mehr mit dem *Untergeher*, Thomas Bernhards Roman über den großen Pianisten Glenn Gould.

Ich war mir nicht sicher, ob ich Dir von einem Roman erzählen sollte, der in vieler Hinsicht so düster und grotesk und am Ende so dramatisch ist wie dieser von Thomas Bernhard. Aber dann ist mir klargeworden, daß meine Unschlüssigkeit die Folge eines zu engen

Literaturbegriffs war. *Der Untergeher* ist ein großer Roman, und gerade deswegen kann man ihn auf verschiedene Weise lesen. Wir werden uns hier nur mit einem Aspekt dieses Buches befassen und die anderen beiseite lassen. Diesmal wird unsere Vorgehensweise noch klarer sein. In den bisherigen Kapiteln war sie das nicht immer ganz, obwohl ich Dir nicht die gesamte *Schatzinsel* erzählt habe und wir auch nicht sehr viel von Holden Caulfields Regelverstößen und seinem Antikonformismus gesprochen haben. So wie ich Dir auch nicht erklärt habe, wer zum Beispiel der »Fischerkönig« oder »Phlebas der Phönizier« in *The Waste Land* sind. Genauso werden wir uns auch beim *Untergeher* nicht mit allen Aspekten des Buches beschäftigen, zum Beispiel nicht mit dem krankhaften Verhältnis Wertheimers zu seiner Schwester, auch nicht mit der Düsternis mancher Szenen. Statt dessen werden wir – wie zum Kontrast – versuchen, die kristallklaren Töne Glenn Goulds herauszuarbeiten; denn Glenn Gould ist der wahre Held dieses Romans. Literaturlesen ist immer auch dies: eine Wahl. Ein Wille, sich aus einem Text etwas herauszugreifen, einige Aspekte und keine anderen. Wichtig ist, daß die Interpretation dann gerechtfertigt und nicht willkürlich ist.

Wenn Du Dir *Peter Pan* anschaust, weißt Du sehr gut, daß sich das Krokodil deshalb bei Captain Hooks Schiff herumtreibt, weil es ihn fressen will. Wenn ich Dir sagen würde, das könne niemand beweisen, vielleicht wolle das Krokodil ja auch mit ihm spielen, denn es sei ein fröhliches Krokodil, dann würdest Du mich erstaunt und fast ein bißchen entsetzt angucken und sagen: »Nein, Krokodil böse!« Und Du hättest ganz recht, es gibt nichts, was meine Behauptung rechtfertigen würde. Es kann zwar sein, daß in einem Märchen auch ein verspieltes Krokodil vorkommt, aber *dieses* Krokodil ist eindeutig *kein* verspieltes, und das weißt Du sehr gut. Meine Interpretation ist nicht zu halten, und Deine ist richtig. Hör nicht auf diejenigen, die Dir sagen, man könne jeden Text auf jede Art lesen und interpretieren; wer so redet, hat keine Ahnung. Viele Leute, die sich mit Büchern »beschäftigen« (sie gebrauchen genau diesen Ausdruck: *beschäftigen*), werden Dir sagen, die Zahl der Interpretationen sei unbegrenzt, und sie werden das mit einem hintergründigen Lächeln sagen wie Leute, die etwas andeuten und zugleich verbergen wollen. Glaub ihnen nicht; es ist, wie wenn man beim Kartenspielen schummelt, wie wenn man, um eine Patience aufgehen zu lassen, einfach die Regeln ändert.

Gut, Francesco, die Sache beginnt also mit der Musik. Vor langer Zeit, wie wir es jetzt schon gewohnt sind: in einem nie benutzten Zimmer in der Praxis meines Vaters, vor mehr als fünfundzwanzig Jahren und wie immer im Winter (weiß der Himmel, wieso im Norden immer alles im Winter passiert; vielleicht weil er so lange dauert oder weil die warme Jahreszeit so gnadenlos ist und brutal alles stoppt wie ein Blitz, der uns blendet). Ich erinnere mich an einen alten Mann, obwohl ich Dir heute nicht sagen kann, ob er wirklich so alt war (wenn man ein Kind ist, kommen einem alle Erwachsenen ab einem bestimmten Alter uralt vor, man kann die Jahre noch nicht vom Gesicht ablesen). Mein alter Mann war ein Klavierstimmer, er richtete das Klavier her, auf dem ich spielen lernen sollte. Es war ein deutsches Instrument, ein Pianino mit Elfenbeintasten. Ich erinnere mich, wie ich es geöffnet dastehen sah, ohne die Abdeckung. Ich sah die Hämmerchen, die sich beim leichtesten Druck auf die Tasten bewegten, die ganze Mechanik, deren Einzelteile ich später bei ihren Namen zu nennen lernte: Hebeglied, Stoßzunge, Fänger, Rolle. Lauter kleine aus Holz gefertigte Teile, die eins ins andere greifen, um den filzbelegten Hammer mit mehr oder weniger Kraft an die metallene Saite schlagen zu lassen. Der alte Klavierstimmer war ein Handwerker, der alles über das Klavier wußte, aber so gut wie nichts von Musik verstand. Er spielte so, wie man es früher tat: alte Lieder, aber vollgriffig, mit vielen Tönen übereinander und mit einem Effekt, der mir damals schön vorkam. Heute könnte ich nicht sagen, ob er gut spielte oder nicht, aber was mich am meisten beeindruckt hatte und dazu brachte, die Musik und das Klavier zu lieben, war nicht die Tatsache, daß ich den Klang des Instruments schon als Kind gehört habe, sondern etwas ganz anderes. Etwas, das einen anderen der fünf Sinne ansprach: den Geruchssinn. Es war der Holzgeruch, der mich gepackt hatte; der Holzgeruch jenes fast hundert Jahre alten Klaviers. Das ist keine wunderliche Grille, Francesco, so etwas kommt öfter vor im Leben. Es kommt immer dann vor, wenn man etwas lieben lernt, weil der erste Funke an einer unerwarteten Stelle gezündet hat. Es wäre normaler gewesen, eine Leidenschaft für die Musik in sich zu entdecken, nachdem man zum Beispiel eine alte Platte von Alfred Cortot gehört hat, wie er Chopin spielt, oder von Arturo Benedetti Michelangeli, wie er Debussy interpretiert. Sicherlich wäre das ein perfektes Bild gewesen, perfekt zum Weitergeben an Kinder und Enkel. Aber nix da, stell Dir vor, es war der Geruch des Holzes; ein Geruch, der noch verstärkt wurde durch das Öl, mit dem das Holz poliert worden war, ein intensiver und ganz besonderer Geruch, den nur Klaviere haben, auch neue Klaviere, und den ich, wenn auch mit anderen Nuancen, jedesmal wieder rieche, wenn ich mich an eins setze.

Welche Beziehung zwischen dem Holzgeruch und der Musik besteht, kann ich nicht sagen; ich glaube, das Verbindende ist ihre Wärme, eine Wärme, die auch ein Gefühl von Geborgenheit gibt. Seit damals ist meine Beziehung zur Musik eine sehr intensive und enge Beziehung, die mir auch geholfen hat, besser zu verstehen, wie man Bücher lesen kann. Ich weiß nicht, was Du einmal werden wirst, wenn Du groß bist, ob Ingenieur oder Arzt, ob Landwirt oder Handelsvertreter. Ich weiß auch nicht, ob Du viel lesen und ob Du ein Instrument spielen wirst. Ich wünsche es mir, aber nicht, um Dein Können zu bewundern; schon gar nicht wünsche ich mir, daß Du ein Virtuose wirst. Das ist es nicht. Es ist etwas anderes, es ist die Methodik, die Strenge. Nichts zwingt Dich mehr als die Musik zu Strenge und Präzision, so als studiertest Du Mathematik. Und nichts läßt Dir mehr als die Musik gerade durch diese Präzision die Möglichkeit, dich auszudrücken. Ein eigenartiges Phänomen, nicht leicht zu erklären: Die Musik hat eine strenge Struktur, mit der man Scherze treiben, mit der man erfinden und interpretieren kann. Aber immer im Text, in den Noten, die Du lesen lernen mußt und die etwas ganz Bestimmtes bedeuten und nichts anderes. Natürlich gilt das auch für die Dichtung und die Literatur. Aber in der Musik kann man nicht betrügen, man würde es hören, der Ton würde anders klingen, er würde häßlich, und alle würden es merken. In den anderen Künsten kann man es schon, denn ihre Ränder sind breiter und ihre Spielräume größer. Im übrigen gibt es auch einen technischen Aspekt, der nicht vernachlässigt werden darf. Ein Pianist, ein Klavierspieler – wie Glenn Gould lieber sagte –, muß die Erfahrung eines Handwerkers haben, muß in der Lage sein, mit einem Gegenstand umzugehen, der letzten Endes nichts anderes ist als ein sehr kompliziertes, fein ausgeklügeltes System von Hebeln und gespannten Saiten. Aber zugleich muß er imstande sein, eine Epoche, eine Welt, ein Kunstwerk auf die bestmögliche Art zu lesen und zu interpretieren. Technik, Lesen- und Interpretierenkönnen: Jeder Klavierspieler, auch ein Laie, der mit Fleiß und Strenge gelernt hat, ein Instrument zu spielen, versteht etwas davon. Er kann es sicher nicht so vollendet wie Glenn Gould, Arturo Benedetti Michelangeli oder Wladimir Horowitz, aber er kann so weit kommen, daß er es von innen heraus versteht. Er muß die gleichen Hindernisse überwinden, die gleichen Wege beschreiten, und er wird in gewisser Hinsicht zu ähnlichen Ergebnissen gelangen. Jenseits dieser Grenzlinie kommt die Begabung, das Talent, das auf der höchsten Stufe zum Genie wird. Jenseits dieser Grenzlinie kommt das, was die beiden Personen in Thomas Bernhards *Untergeher* nicht ertragen können.

Die Geschichte dieses Buches ist rasch erzählt, Francesco: In Salzburg begegnen sich drei junge Pianisten, die einen Meisterkurs bei dem großen Horowitz machen wollen. Einer ist der Erzähler des Romans, ein zweiter heißt Wertheimer, und der dritte ist Glenn

Gould. Die beiden ersten Personen hat Thomas Bernhard erfunden, sie sind seiner Phantasie entsprungen. Der dritte hat real existiert, im »richtigen Leben«, und wie! Er war vielleicht einer der größten Pianisten aller Zeiten. Er ist 1982 mit gerade fünfzig Jahren gestorben. Die beiden »erfundenen« Pianisten sind noch junge Männer und große Virtuosen. Sie stehen am Anfang einer Karriere als weltweit gefeierte Konzertsolisten. Doch bei jenem Meisterkurs begegnen sie Glenn Gould – und hören mit dem Klavierspielen auf. Denn sie begreifen, daß sie es niemals so gut können werden wie er. Dies ist der Kern des Romans.

Das Problem des Verhältnisses von Talent und Genie ist eins der komplexesten Themen der Literatur. Und des Lebens. Schon Puschkin hatte es in seinem kleinen Theaterstück *Mozart und Salieri* behandelt. Von Mozart kennst Du schon etwas, Du bittest mich oft, Dich das Stück hören zu lassen, das Du »Poppoppò« nennst und das nichts anderes ist als das »Pa-Pa-Pa-Papagena« aus der *Zauberflöte.* Von Salieri weißt Du nichts; ich habe Dich nie etwas von ihm hören lassen. Er war ein italienischer Komponist am Wiener Hof. Sehr berühmt, bekannt und geschätzt, er hat Werke geschrieben, die noch heute gelegentlich aufgeführt werden, wenn auch nur selten. Aber er war *nicht Mozart.* So wie die beiden Pianisten bei Thomas Bernhard *nicht Glenn Gould* sind. Das Problem ist, die Genialität zu streifen. Nicht, sie von weitem zu betrachten. Sie von weitem zu betrachten ist erträglich; ihr nahezukommen ist etwas, das einen umwirft.

Was also erfindet Puschkin? Er erfindet ein wunderschönes Märchen. Vor einigen Jahren ist auch ein Film danach gedreht worden. Mozart stirbt jung, mit 35, im Jahre 1791. Salieri, obwohl älter als er, überlebt ihn. Mozart stirbt, während er gerade das Requiem komponiert, das ein maskierter Unbekannter bei ihm bestellt hat. Und wer war dieser Unbekannte natürlich? Salieri selber, der ihn, vernichtet von Mozarts unbestreitbarer Genialität, vergiften will. Doch bevor er ihn vergiftet, will er, daß sein Genie noch einmal zum Ausdruck kommt und Mozart sich sein eigenes Requiem schreibt. Ein herrliches, hinreißendes romantisches Märchen, das aber ganz falsch ist, Francesco. Es hat nichts mit der historischen Wahrheit zu tun. Wir betrachten das Märchen als wahr, so wie wir es für wahr und glaubwürdig halten, daß Baloo der Bär im *Dschungelbuch* sprechen und singen und Boogie tanzen kann.

In Thomas Bernhards Roman laufen die Dinge ein bißchen anders. Wertheimer, der konstitutionell schwächste der drei Pianisten, der »Untergeher«, nimmt sich das Leben. Er nimmt es nicht seinem beneideten Kollegen Glenn Gould, der kurz zuvor an einem Schlaganfall gestorben ist. Es ist die Umkehrung des Dramas von Puschkin. Vielleicht klingt auch diese Geschichte nicht ganz glaubwürdig, aber beide werden uns nützen. So wie uns auch ein Film nützen wird, den der französische Regisseur Claude Sautet gedreht hat und der *Ein Herz im Winter* heißt. Ich weiß schon, ein Film ist kein Buch; aber er ist gedreht worden, als ob er ein Roman wäre. Wir werden daher so über ihn sprechen, *als ob* er ein Roman wäre, als ob es darin nur Erzählung gäbe, nur eine Geschichte und keine Bilder (außer einem, aber darauf kommen wir erst ganz am Schluß). Jawohl, das darf man, Francesco, keine Sorge, das hat man schon immer getan, auch mit der Malerei, der Architektur, der Bildhauerei und sogar mit der Musik.

Aber zurück zu Thomas Bernhard. Wenn *Die Schatzinsel* das Tempo und den Rhythmus eines Schoners hat, der auf hoher See vor dem Wind segelt, wenn *Der Fänger im Roggen* eher die Gangart eines Greyhoundbusses hat, der auf endlosen Highways durch die Vereinigten Staaten fährt, wenn Prufrock und Genossen in einem eleganten alten Salonwagen aus der Zeit um die Jahrhundertwende auf inzwischen abgewetzten Samtpolstern sitzen, dann kämpft sich *Der Untergeher* auf einem schaurigen Gebirgspfad voran, zwischen steil aufragenden Felsen auf der einen Seite und gähnenden Abgründen auf der anderen. Und als wäre das noch nicht genug, peitschen ihn obendrein eisige Winde, permanente Gewitter mit Blitz und Donner und Gottes Zorn. Deswegen hatte ich bis zum Schluß gezweifelt – als guter und sorgsamer Vater –, ob ich Dich auf einen so schwierigen Weg mitnehmen sollte. Aber dann habe ich mich, wie Du weißt, dafür entschieden, und zwar aus diesem Grund: um Dir begreiflich zu machen, daß Literatur in manchen Fällen auch weh tun kann. Denn es gibt eine dünne Linie, die man nicht überschreiten darf: Man darf Shakespeare nicht in Prinz Hamlet verwandeln und Cervantes nicht in Don Quijote. Man darf den Autor nicht mit seinen Figuren verwechseln. So wie man auch nicht sein eigenes Leben zu einer ästhetischen und literarischen Bühne machen sollte. Ich habe einmal jemanden gekannt, der als Junge unbedingt Schriftsteller werden wollte. Das wollen viele, Francesco, und daran ist nichts Schlechtes. Aber an einem bestimmten Punkt war sein Wille, Romane und Erzählungen zu veröffentlichen, zu einer geradezu grotesken Obsession geworden. Seine Erzählungen wanderten durch fast alle Verlage, bekannte und weniger bekannte, und kamen mit mehr oder weniger höflichen Ablehnungsbriefen zurück. Natürlich dachte er, daß die literarische Welt sich gegen sein Talent verschworen habe. Und natürlich dachte er, daß sein Leben keinen Sinn habe, wenn es ihm nicht gelingen werde, etwas zu publizieren. Schließlich bezahlte er für die Publikation, wie es viele tun, und publizierte einen ganz und gar überflüssigen Roman, von dem heute keine Spur mehr geblieben ist. Dann ließ seine Schreibkrankheit nach, und heute arbeitet er irgendwo als Börsenmakler – und ich habe keine Ahnung, ob er nicht vielleicht immer noch heimlich seine Schubladen mit beschriebenen Bögen füllt. Jedenfalls begann jener Roman mit einem Satz aus einem berühmten Buch des Philosophen Friedrich Nietzsche, *Die Geburt der Tragödie*:

> denn nur als *ästhetisches Phänomen* ist das Dasein und die Welt ewig *gerechtfertigt* …

Ein ernsthafter und gewichtiger Satz, Francesco, so wie alle Gedanken, Sätze und Bücher von Friedrich Nietzsche ernsthaft und gewichtig sind. Und was er zum Ausdruck brachte, war eine Erklärung über das Leben, eine Art und Weise, die Existenz zu denken, sie sich zurechtzumachen. Viele sind in diese Falle gegangen, viele sind der Versuchung erlegen, aus ihrem Leben ein Kunstwerk zu machen, und viele haben darunter gelitten, daß es ihnen nicht gelungen ist. Auch weil diejenigen Leben, die zu Kunstwerken geworden sind (sofern man die beiden Begriffe Leben und Kunstwerk überhaupt so verbinden kann), nur *uns* als Kunstwerke erscheinen, nicht denen, die sie gelebt haben. Van Gogh war ein armer Teufel, Virginia Woolf eine Frau auf der Flucht vor der Geisteskrankheit. Ernest Hemingway litt so sehr an Depressionen, daß er sich schließlich eine Kugel durch den Kopf jagte. Ganz zu schweigen von der Existenzangst eines Giacomo Leopardi, von der verzweifelten Vitalität eines Pier Paolo Pasolini, vom snobistischen Nihilismus eines Francis Scott Fitzgerald ... Und was war mit Eliot, von dem ich Dir erzählt habe? Erst eine verrückte Ehefrau, die »gespannt wie auf einer Rasierklinge« lebte, dann eine Flucht in Gläubigkeit und Religion. Und Salinger, der Autor des *Fängers im Roggen*? Ein Geheimnis für alle. Und schließlich Stevenson? Auf die Samoainseln geflohen, von denen er, wie man später erfuhr, noch weiter hatte fortfliehen wollen.

Seit der Romantik wird der Künstler toleriert, aber nur als Genie; das Kunstwerk ist nicht mehr erhaben an sich, sondern lebt und gedeiht nur als Ausdruck eines Genies, und das Genie ist, wie es der Volksmund will, unverstanden und regellos. Thomas De Quincey schrieb die *Bekenntnisse eines Opiumessers*, und Samuel Taylor Coleridge, ein großer Dichter, Verfasser der eingangs erwähnten *Weise vom alten Seemann*, erzählte überall, er habe sein Gedicht *Kubla Khan* im Opiumrausch geschrieben. Das stimmte zwar nicht; wir wissen, daß er sehr lange daran gearbeitet und es immer wieder geändert hatte, aber damals war es Mode, so zu reden, man sagte so etwas, weil es gefiel. Und seit damals hat sich nicht viel geändert in den Vorstellungen der Allgemeinheit: Schreiben gilt immer noch als ein Akt der Genialität. Ein schreibend verbrachtes Leben ist besser als ein gewöhnliches Leben. Ein Leben als Ausdruck der eigenen Innerlichkeit ist etwas Schönes, Unbezahlbares. Dabei stimmt das keineswegs immer, Francesco: Jeder, der ein bißchen Literatur studiert hat, weiß, daß die literarische Arbeit sehr mühsam und langwierig sein kann; daß das Gedichteschreiben nichts zu tun hat mit strahlenden Morgenröten und lieblich in den Bäumen zwitschernden Vögelchen; daß Romane harte und schwierige Konstruktions- und Montageübungen sind, die mehr Sinn für Maße und Proportionen als Genie verlangen. Aber niemand will das glauben, und so werden am Ende scheußliche Bücher geschrieben wie die meines erwähnten Freundes, der waghalsig leben wollte, intellektuell, versteht sich.

Ich erzähle Dir das, weil Thomas Bernhard ein präzises Bild dieses zeitgenössischen Mißverständnisses zeichnet, und zwar auf perfekte Weise, denn die drei Personen seines Romans sind nicht Schriftsteller, sondern noch etwas mehr: Sie sind Musiker, Pianisten. Wie ein Philosoph sagen würde, von dem Du noch hören wirst, nämlich Arthur Schopenhauer: Die Musik ist WILLE, mit Großbuchstaben geschrieben, sie beherrscht diese Welt, die nur aus Formen, Gegenständen und Körpern besteht, während sie selbst etwas mehr ist: Sie ist ungreifbar, sie läßt sich nicht beschreiben, sie ist die Seele der Welt; und der Musiker ist eine Art Zwischenträger zwischen Gott und der Welt: der einzige, der dieses Wunder vollbringen kann.

Ein Wunder, das Glenn Gould eines Morgens seinen Gefährten im Meisterkurs vorführt: Er ist schon dort eingetroffen, wo Horowitz ihn erwartet hat, und hat sich ans Klavier gesetzt. Er beginnt zu spielen, nur ein paar Takte, da kommt Wertheimer herein, der zweite Teilnehmer an jenem Meisterkurs, und es genügt ihm, dieses wenige zu hören, um wie vom Blitz getroffen stehenzubleiben: »Wertheimer war in das Horowitz zugeteilte Ersterstockzimmer im Mozarteum eingetreten und hatte Glenn gehört und gesehen, war stehengeblieben an der Tür, unfähig, sich zu setzen, mußte von Horowitz aufgefordert werden, sich zu setzen, konnte sich nicht setzen, solange Glenn spielte, erst als Glenn zu spielen aufgehört hatte, setzte sich Wertheimer, hatte die Augen geschlossen, das sehe ich noch ganz genau, dachte ich, redete nichts mehr. Pathetisch gesagt, war es das Ende, das Ende der Wertheimerschen Virtuosenlaufbahn.«

Ein paar wenige Takte hatten also genügt, um ein großes Talent zu vernichten. Und Thomas Bernhard fügt hinzu: »Der Besuch des Horowitzunterrichts war für mich wie für Wertheimer tödlich, für Glenn jedoch sein Genie gewesen.« Mit einem Wort: Glenn Gould spielte besser als jeder andere, sehr viel besser als jeder andere. »Als wir den Unterricht bei Horowitz beendet hatten, war es klar, daß Glenn schon der bessere Klavierspieler war als Horowitz selbst, plötzlich hatte ich den Eindruck gehabt, Glenn spiele besser als Horowitz, und von diesem Augenblick an war Glenn der wichtigste Klaviervirtuose auf der ganzen Welt für mich, so viele Klavierspieler ich auch von diesem Augenblick an hörte, keiner spielte so wie Glenn, selbst Rubinstein, den ich immer geliebt habe, war nicht besser.«

Während ich Dir diese Zeilen schreibe, Francesco,

höre ich ihn gerade, ja ihn, Glenn Gould, den großen Pianisten, der zu einer Romanfigur geworden ist. Ich will Dir ein paar Noten vorführen, auch wenn Du sie noch nicht lesen kannst. Den Anfang des Stückes, das ich gerade höre; es ist die Fuge aus der e-Moll-Toccata von Johann Sebastian Bach, einem Komponisten, dem Glenn Gould sein Leben gewidmet hat. Sieh Dir diese Noten genau an, Francesco. Achte auf alle Zeichen, auf die Ligaturen, die Pausen, die Schlüssel, die Auflösungen, die Tempusangaben. Diese graphischen Zeichen können sich in eine eigene Welt verwandeln, genau wie die der Literatur. Glenn Gould hatte die Angewohnheit, beim Spielen leise mitzusingen oder zu -summen. Wenn Du seine Platten aufmerksam hörst, wirst Du bemerken, daß da eine Stimme die Melodien begleitet. Auch bei diesem Stück summt er leise mit, während er die Noten spielt, die Dir geheimnisvoll vorkommen werden wie eine fremde Sprache.

Nun, lerne sie wiedererkennen, und später wirst Du sie vielleicht auch lesen können:

III. Fuga

Ich habe in diesem Buch über die Schwierigkeit gesprochen, zwischen gut und böse zu unterscheiden, und das war Stevenson. Ich habe davon gesprochen, wie schwer es ist, heranzuwachsen, die Welt der Erwachsenen aus dem Blickwinkel der Kinder zu sehen, und das war Salinger. Ich habe Dir erzählt von der Schwierigkeit, eine Entscheidung zu treffen, ich habe Dich einen Mann beobachten lassen, der an seiner eigenen Mittelmäßigkeit leidet, und das waren die Verse von Eliot. Jetzt werde ich Dir etwas anderes zu erklären versuchen: die übermäßige Selbstkritik, die Schwierigkeit, einen Punkt zu erreichen, an dem man im Gleichgewicht ist. Mit Prufrock haben wir uns gefragt, ob es richtig war, etwas zu wagen, ob man das Universum stören sollte. Und wir haben die Frage bejaht, wir haben es für richtig gehalten. Ich habe Dir eine alte Geschichte erzählt von der Stadt, in der ich geboren bin, und von jener nüchternen, illusionslosen Lebensweise, die typisch für solche erstickend prosaischen Orte ist. Die nächste Frage ist jetzt nicht mehr, ob man es wagen soll, sondern wieviel man wagen darf. Und bis zu welchem Punkt es erlaubt ist, jenes Universum zu stören. Wieviel man von seinen eigenen Fähigkeiten und vielleicht von seiner eigenen Begabung erwarten darf. Deshalb habe ich dieses Buch über Glenn Gould ausgesucht. Wertheimer, der Untergeher, ist eine farblose, graue Figur. Der Erzähler, also derjenige, der die ganze Sache berichtet, versucht den Grund für Wertheimers Untergang herauszufinden, aber es gelingt ihm nicht, denn es gibt keine Menschen wie Wertheimer: Wenn es sie gäbe, wären sie große Menschen, und ihre Größe würde sie retten. Kann Salieri Mozarts Genie erkennen? Kann

Wertheimer erkennen, in welchem Ausmaß Glenn Gould ein absolutes Talent ist? Die von Thomas Bernhard erzählte Geschichte ist gewollt paradox, denn Wertheimer erkennt die Größe Glenn Goulds schon nach wenigen Tönen der *Goldbergvariationen* von Johann Sebastian Bach. Nach sehr wenigen Tönen, Francesco. Thomas Bernhard schreibt sogar »Glenn hatte nur ein paar Takte gespielt«. Man braucht schon ein ganz außergewöhnliches Ohr, um ein Genie nach ein paar Takten zu erkennen, und vielleicht genügt das noch nicht mal, vielleicht braucht man dazu ein ebenso großes Talent wie derjenige, der die paar Takte gespielt hat. Nun wissen wir, daß Wertheimer ohne Glenn Gould »sicher ein hervorragender, wahrscheinlich weltberühmter Klaviervirtuose geworden wäre«. Und wir begreifen nicht, wie ein Mann mit solch außergewöhnlichen technischen und interpretatorischen Fähigkeiten so fürchterlich scheitern kann. Hat also Thomas Bernhard seine Geschichte falsch aufgebaut? Ist seine Vision oberflächlich? Keineswegs, Francesco. Thomas Bernhard will auf paradoxe Weise (*Der Untergeher* ist in mancher Hinsicht auch ein komisches und groteskes Buch) von einer Geistesverfassung erzählen, nämlich von der des Verlierers, und er treibt die Konsequenzen des Scheiterns seiner Figur bis zum Äußersten, indem er sie mit Glenn Gould konfrontiert, einem der größten pianistischen Genies des Jahrhunderts. Gegenüber Glenn Gould gibt es keine Chance – es sei denn, dieser »Untergeher« ist selber ein ganz außergewöhnlicher Pianist. Nur in diesem Fall wird es für ihn ein einzigartiges Privileg (und zugleich eine Art Fluch), zu erkennen, welcher Abgrund ihn von Glenn Gould trennt. Deshalb genügen Wertheimer ein paar Takte, ein paar Takte der *Goldbergvariationen*, um wie versteinert stehenzubleiben, sein jahrelanges Klavierstudium wegzuwischen und das Gespenst des Dilettantismus wieder hochkommen zu lassen. »Das ganze Leben laufen wir dem Dilettantismus davon«, schreibt Bernhard, »und er holt uns immer wieder ein, dachte ich, und wir wünschen uns nichts mit einer größeren Intensität, als dem Dilettantismus zu entkommen lebenslänglich, und sind immer wieder von ihm eingeholt.« Gould hat Wertheimer in einen Klavierdilettanten verwandelt. Er hat ihm jene Furchtlosigkeit genommen, die für den Virtuosen notwendig ist: »Wertheimer ist immer der ängstliche Typus gewesen, völlig ungeeignet schon aus diesem gravierenden Grunde für eine Virtuosenlaufbahn noch dazu auf dem Klavier, für welche vor allem eine radikale Furchtlosigkeit gegenüber allem und jedem zu fordern ist, dachte ich.«

Du wirst bemerkt haben, Francesco, daß der Ich-Erzähler (so nennt man den, der den Roman in der ersten Person erzählt) häufig die Worte »dachte ich« einschiebt. Nachdem er eine Meinung geäußert hat, nachdem er sich etwas gefragt hat, hängt er ein »dachte ich« an, um zu betonen, daß die geäußerten Meinungen, die Fragen oder Ereignisse alle erst noch überprüft werden müssen, daß sie seine Annahmen sind und also keineswegs allgemeinverbindliche Wahrheiten. Wir kennen die Geschichte von Gould und Wertheimer nur durch die Worte des dritten Pianistenfreundes, eben des Ich-Erzählers. Für uns ist daher die von diesem Freund erzählte Geschichte die einzig mögliche. Wäre da nicht noch ein Detail, das alles andere als nebensächlich ist – nämlich daß Glenn Gould *real existiert* hat. Er hat die

Dinge getan, die wir im Buch lesen. Er hat die Goldbergvariationen gespielt und hat sie zweimal aufgenommen, im Abstand von vielen Jahren: das erste Mal 1956, das zweite Mal 1982; und eine Legende will, daß diese beiden Plattenaufnahmen die erste und die letzte sind, die Glenn Gould gemacht hat. Thomas Bernhard will überdies, daß Glenn Gould beim Klavierspielen gestorben ist, während er gerade die Goldbergvariationen spielte (was nicht ganz stimmt: Glenn Gould starb im General Hospital von Toronto). Und das will Thomas Bernhard deshalb, weil unsere Kultur, die westliche, ständig darauf aus ist, die verlorene Kreisform wiederzufinden. Wir haben aus der Welt eine unendliche Erzählung gemacht, Francesco. Auch die Geschichte Deines Marienkäfers ist eine kleine Geschichte, die einen Anfang und ein Ende hat. Wie die Geschichte der Welt: Sie beginnt mit der Schöpfung und endet mit den Posaunen der Apokalypse. Glenn Gould beginnt und endet mit den Goldbergvariationen. Aber auch das stimmt nicht ganz: Er hat zwar mit den Goldbergvariationen begonnen, aber geendet hat er mit der h-Moll-Sonate op. 5 von Richard Strauss, seiner letzten Einspielung. Thomas Bernhard will außerdem, daß Glenn Gould nur einen Steinway-Flügel spielt, dabei hat Glenn Gould, besonders in den letzten Jahren, keinen Steinway gespielt, sondern Instrumente, die seinem geliebten ersten Flügel, einem Chickering von 1895, nachgebaut waren. Und schließlich läßt Thomas Bernhard seinen Glenn Gould einen Meisterkurs bei einem gewissen Horowitz besuchen, aber nirgendwo nennt er dessen Vornamen; wir können also nicht wissen, ob dieser Horowitz der berühmte Wladimir Horowitz war. Auch wenn der reale Glenn Gould nie einen Meisterkurs bei Wladimir Horowitz besucht hat.

Vieles ist also »nicht wahr« in dieser Geschichte – bis auf Glenn Gould, der authentisch ist, auch wenn ein paar Einzelheiten des »wahren« Glenn Gould sich als falsch erweisen. Aber wieso sind sie falsch? Ist Thomas Bernhard daran schuld oder der Pianist, der die Geschichte erzählt? Und wenn am wahren Glenn Gould ein paar Sachen falsch sind, sind dann auch die Sachen falsch, die der Erzähler von Wertheimer berichtet? Und lügt der Erzähler bewußt, oder erinnert er sich bloß falsch? Thomas Bernhard hat die Geschichte eines Klaviermythos zu einer Hintergrundfolie gemacht. Je positiver Glenn Gould erscheint, desto verzweifelter ist Wertheimer, je mehr Glenn Gould zu einer lebenden Legende wird, desto mehr fühlt Wertheimer sich vernichtet, so daß er schließlich seinen Flügel versteigert, der nicht zufällig ein Bösendorfer ist, ein Klavier, das Glenn Gould verabscheute, das er partout nicht spielen wollte, das er sich, kaum in Salzburg zu dem Horowitzkurs eingetroffen, provokatorischerweise gegen einen Steinway austauschen ließ (dabei ist Bösendorfer eine der besten Klaviermarken der Welt). Aber Glenn Gould kann sich, gerade zwanzigjährig, obwohl er noch nicht *Glenn Gould* ist, solche Extravaganzen erlauben.

Nun mußt Du wissen, Francesco, das Buch ist auf vielen Entgegensetzungen aufgebaut: Gould als starker Mann, Wertheimer als schwacher; Gould als unbestrittenes Genie, Wertheimer als großes Talent; Gould als in der ganzen Welt bewunderter Pianist, Wertheimer als Gescheiterter und Vergessener; Gould auf dem Höhepunkt seiner künstlerischen Größe gestorben,

Wertheimer zu einer grotesken und ungehörigen Tat gezwungen: zum Selbstmord. Obendrein zum niederträchtigsten aller Selbstmorde: Er erhängt sich an einem Baum vor dem Haus der geliebten Schwester, zu der er ein krankhaftes Verhältnis hatte und der er vorwirft, ihn verlassen zu haben, um einen steinreichen Schweizer Industriellen zu heiraten. Am Ende erscheint dieser Wertheimer in einem so trüben Licht, daß wir geneigt sind, ihn nicht gerade für eine unvergeßliche Figur zu halten. In Wirklichkeit haben wir freilich alles, was wir über ihn wissen, nur von drei Personen gehört: vom Erzähler, von der Wirtin des Gasthauses, in dem Wertheimer oft abgestiegen ist, und von dem treuen alten Holzknecht Franz. Doch die beiden letzten, die Wirtin und der Franz, erzählen dem Erzähler eine Geschichte, die er uns weitererzählt. Nein, es braucht Dir nicht schwindlig zu werden, Francesco, es ist gar nicht so kompliziert; es ist sehr viel einfacher, als Du denkst. Ich will Dir nur deutlich machen, wie eine ganz einfache Geschichte mit der Zeit immer komplizierter werden kann.

Du weißt, daß Wertheimer ein Mann war, der ganz wunderbar Klavier spielen konnte, und das weißt Du, weil ein anderer Mann es erzählt, ein Freund von ihm, der ebenfalls ein hervorragender Klavierspieler ist. Dieser zweite Mann, den wir den *Erzähler* nennen, kommt an die Orte zurück, an denen Wertheimer in den letzten Jahren gelebt hat. Er kommt zurück, nachdem er auf seinem Begräbnis war, und er versucht zu begreifen, warum Wertheimer sich umgebracht hat. Er sieht einen Grund in Wertheimers existentiellem und künstlerischem Scheitern, das in gewisser Weise auf eine dritte

Person zurückgeht, auf einen Pianisten namens Glenn Gould, der zusammen mit Wertheimer und dem Erzähler vor vielen Jahren einen Meisterkurs in Salzburg absolviert hatte. Soweit alles klar, Francesco? Gut. Nun gibt es da ein Problem: Wertheimer hat nie existiert. Der Erzähler auch nicht. Aber Glenn Gould schon: Er wurde am 25. September 1932 in Toronto als Sohn von Russell Herbert Gould und Florence Greig geboren und ist am 4. Oktober 1982, ebenfalls in Toronto, gestorben. Nur daß, wie bereits gesagt, der Glenn Gould, von dem der Erzähler spricht, nicht in allen Punkten mit dem echten Glenn Gould übereinstimmt. Was machen wir nun, Francesco? Korrigieren wir ihn? Nicht im Traum natürlich. Die Literatur darf das und noch mehr, auch Fehler sind uns nützlich und helfen uns zu verstehen. Aber vor allem deshalb nicht, weil die Literatur, die wahre, sich um diese Art Fehler nicht kümmert. Thomas Bernhard hat beschlossen, die Realität zu verändern, er will, daß Gould am Klavier stirbt, während er die Goldbergvariationen spielt, und er will, daß Gould in seinen Steinway verliebt ist. Er hat den großen Pianisten, das große Genie, das Glenn Gould war, in eine unnahbare und stumme Figur verwandelt: Er hat ihm die Exzentrizität genommen und ihn in einen Schrein versetzt, er hat ihn zu einer Ikone gemacht. Aber an einem bestimmten Punkt passiert nun etwas wirklich Eigenartiges. Du verspürst auf einmal das Bedürfnis – und zwar egal, ob Du sie schon kennst oder nicht –, die Goldbergvariationen zu hören, gespielt von Glenn Gould, aber von jenem, der am 25. September 1932 in Toronto geboren ist, nicht von dem in Thomas Bernhards Roman. Es genügt Dir nicht mehr, daß der Erzähler dieser Geschichte Dir sagt: »Wertheimers Verhängnis war, gerade in dem Augenblick am Zimmer dreiunddreißig des Mozarteums vorbeigegangen zu sein, in welchem Glenn Gould in diesem Zimmer die sogenannte *Aria* spielte«; Du hast das Bedürfnis, die Platte von Glenn Gould zu hören, denn in diesem Buch ist der große kanadische Pianist sozusagen stumm, seine Musik ist nicht da, nur seine Gesten sind da, seine Worte, seine ferne Präsenz. Doch immerzu sagt Dir der Autor des Buches: »Glenn, es war Glenn, der mich dazu gebracht hatte, meinen kostbaren Steinway zu verschenken, und Wertheimer, seinen Bösendorfer …«

Stellen wir nun mal eine Hypothese auf, Francesco: Wenn Glenn Gould nie existiert hätte, wenn es nicht einen wirklichen, echten Glenn Gould gegeben hätte, der tatsächlich die Goldbergvariationen ganz wunderbar gespielt hat – würde das an dem Roman etwas ändern? Eigentlich sollte es das nicht, aber diesmal würde es. Um Wertheimers Wahn zu verstehen, genügt der Glenn Gould des Romans nicht, Du brauchst den echten Glenn Gould – und der ist außerhalb des Romans. Aber um eine Geschichte über Genie und Talent zu erzählen (beachte, Francesco: Genie und Talent, nicht das viel leichtere Thema Genie und Mittelmaß), noch dazu eine so gewaltsame, so unerbittliche und so ausweglose Geschichte wie diese, brauchst Du ein Genie, das real existiert hat, die literarische Beschreibung genügt dazu nicht. Und Du kannst Dir auch nicht einen Pianisten erfinden, der nie existiert hat, das würde nicht funktionieren, Du hättest keine Emotionen. Tatsächlich gelingt es Dir nicht, Dir die beiden Personen, die zusammen mit Glenn Gould den Roman Thomas Bernhards bevölkern, als Pianisten vorzustellen, auch wenn uns der Autor mehrmals versichert, sie seien außergewöhnliche Talente gewesen und hätten weltberühmte Solisten werden können, bessere als viele, die hochberühmt sind. Allerdings nicht bessere als Glenn Gould, das wäre nicht möglich.

Du siehst, Francesco, dies ist keine einfache Geschichte. Und *Der Untergeher* ist kein Roman für Kinder. Er ist düster und endet dramatisch. Aber er bringt uns zurück zu der Geschichte, die ich Dir am Anfang dieses Kapitels erzählt habe: zu der mit dem Holzgeruch, dem alten Klavierstimmer und dem Anfang meiner Klavierbegeisterung. Man braucht Großzügigkeit, um zu ertragen, daß man kein Genie ist und auch kein besonderes Talent hat. Wertheimer hat nur Ehrgeiz. Gould *ist* ein großes Talent. Er hat es nicht nötig, eines zu werden. Aber Du wirst, wenn Du größer bist, etwas lernen müssen, was Dir *Der Untergeher* beibringen kann: Man braucht Leidenschaft und Großzügigkeit, um die Dinge zu lieben, die man tut, ohne um jeden Preis ein Ergebnis erreichen zu wollen. Du hast Deinen Vater mit Mühe die Goldbergvariationen spielen hören; auf eine Weise, die nicht mit der von Glenn Gould zu vergleichen ist. Für mich ist es ein Glück, daß ich so etwas spielen kann, auch wenn ich nie ein Virtuose geworden bin. Ich würde es auch Dir gerne beibringen.

Sie werden Dir sagen, Francesco, daß man ein Ziel brauche, um zu handeln. Sie werden Dir sagen, daß man sich vornehmen müsse, etwas Bestimmtes zu erreichen, und daß man seine Zeit nicht mit unnützen Spielereien verplempern solle. Sie werden Dir *Hobbys* zugestehen, ein scheußliches Wort: Hobbys sind Spielereien am

Feierabend. Übe Dich in der nötigen Gleichgültigkeit gegenüber denen, die ihr Hobby pflegen. Es stimmt zwar, daß man nicht unnütze Dinge treiben soll, aber da muß zunächst einmal geklärt sein, was man unter »unnütz« versteht. Vielleicht ist es unnütz, Flaschenschiffe zu bauen. Nicht unnütz ist es jedenfalls, ein Instrument zu spielen, auch wenn man es ohne viel Ehrgeiz macht. Hauptsache, man macht es ernsthaft, ohne der Versuchung des Dilettantismus zu erliegen; was man macht, soll man gut machen, immer. Auch wenn es nicht zum Lebensunterhalt dient. Allerdings gibt es auch hier eine Grenze, die man nicht überschreiten darf: die der übermäßigen Selbstkritik, die einen verrückt macht. Es gibt einen Film, Francesco, dessen Geschichte sehr an den *Untergeher* erinnert, aber sich in einem grundlegenden Punkt von ihm unterscheidet. Ich habe ihn schon erwähnt, er heißt *Ein Herz im Winter*. Er handelt nicht von einem Pianisten, sondern von einer sehr schönen Geigerin und einem Geigenbauer. Jetzt erzähle ich ihn Dir.

Die Geschichte spielt in Paris. Stéphane arbeitet im Familienbetrieb von Maxime; Maxime und Stéphane sind Geigenbauer, sie bauen und restaurieren Violinen. Sie sind kultivierte und feinsinnige Menschen mit einer besonders großen musikalischen Bildung. Sie arbeiten an der Seite berühmter Solisten und beraten sie oft darüber, wie sie ihre Instrumente am besten zum Klingen bringen. Maxime und Stéphane sind zwei noch junge Männer: Maxime ist überschwenglich und zu allem bereit, Stéphane ist verschlossener, man möchte meinen, ein Mann, der nur an seine Arbeit denkt. Maxime ist seit vielen Jahren verheiratet, Stéphane nicht.

Eines Tages, während eines Konzerts, lernt Maxime eine brillante junge Geigerin kennen: Camille (im Film gespielt von Emmanuelle Béart). Es ist wie ein Blitzschlag. Maxime verläßt seine Frau, um mit Camille zusammenzuleben. So lernt Camille auch Stéphane kennen, und sofort springt ein Funke über. Camille fühlt sich zu Stéphane hingezogen, seine Kompetenz und seine Bildung ziehen sie an, aber auch seine Momente des Schweigens und seine beharrliche Weigerung, um jeden Preis Meinungen von sich zu geben. Stéphane spürt Camilles Zuneigung, er fühlt sich geschmeichelt, aber er hält sie auf Distanz. Sie spielt gerade das *Trio* und die *Sonate für Violine und Violoncello* von Maurice Ravel auf Schallplatte ein. Er schaut bei den Proben vorbei. Camille ist die enthusiastische junge Geigerin, die alles in die Musik investiert hat, aber noch mehr in ihr eigenes Talent; Stéphane hat lange Zeit Geige gespielt, aber dann hat er es aufgegeben. »Warum?« fragt sie ihn. »Mir gefielen die Töne nicht, die ich hervorbrachte«, antwortet er. »Was ist die Musik für dich?« fragt sie noch. Seine Antwort: »Ah, die Musik ist der Traum!« Aber er ist ein teilnahmsloser und desillusionierter Mensch, er glaubt nicht an Liebe, er glaubt nicht an Freundschaft. Camille begehrt ihn, sie liebt ihn. Er antwortet nein, er sei nicht interessiert. Sie erträgt die Abweisung nicht und läuft verzweifelt davon. Am Ende fühlt Stéphane sich leer, einsam und müde, im Grunde tut es ihm leid. Er hat verloren, er hat den Kontakt zur Welt abgeschaltet, er ist kein Musiker geworden, weil er an die Töne, die er hervorbrachte, nicht geglaubt hat. Er hat von der Musik geträumt, aber die Desillusionierung hat überwogen. Er kann auch nicht an Camilles Liebe zu ihm glauben. Man braucht Großzügigkeit, um an die Liebe anderer zu glauben, Teilnahmslosigkeit führt zu nichts. Wertheimer ist nicht großzügig, und Stéphane ist es auch nicht; aber Wertheimer ist ein Verrückter, der nicht einmal sich selber erträgt, Stéphane dagegen ist kühl und klar. Als sein todkranker Geigenlehrer – der auch der Lehrer von Maxime und Camille war und mit allen dreien befreundet ist – die Schmerzen nicht mehr erträgt und darum bittet, daß jemand ihm sterben hilft, ist es Stéphane, der ihm die tödliche Spritze verabreicht, und nicht Maxime. Dennoch sagt Stéphane am Ende des Films von seinem Lehrer: »Ich habe bis heute geglaubt, daß er der einzige Mensch war, den ich jemals geliebt habe.«

Auch Wertheimer hat Glenn Gould geliebt; er hat ihn auf seine Weise geliebt, indem er sein Genie erkannte. Und als Gould dann gestorben ist, kann Wertheimer es nicht ertragen; er kann nicht hinnehmen, daß er selber noch lebt und Glenn Gould nicht. »Wertheimer hat Glenn Gould selbst den Tod geneidet, sagte ich mir, hat selbst den Tod Glenn Goulds nicht ertragen können und sich kurze Zeit darauf umgebracht, und in Wahrheit war das auslösende Moment für seinen Selbstmord nicht der Weggang der Schwester in die Schweiz gewesen, sondern die Unerträglichkeit, daß Glenn Gould auf dem Höhepunkt seiner Kunst, wie ich sagen muß, vom Schlag getroffen worden ist.«

Die letzten Seiten des Romans sind pathetisch, Francesco. Franz, der alte Holzknecht in Wertheimers Jagdhaus, erzählt dem Erzähler die letzten Tage seines Herrn: Er habe sich alte Studienkollegen eingeladen, sie seien tagelang in dem großen Landhaus geblieben, wo sie randaliert hätten und alte Möbel und Spiegel zerbrochen hätten. Wertheimer, der seit mindestens zehn Jahren kein Klavier mehr angerührt hatte, habe sich einen Flügel aus Salzburg kommen lassen; er habe ausdrücklich das schlechteste und verstimmteste Instrument bestellt, das sich auftreiben ließe. Man habe ihm einen wertlosen Ehrbar geschickt. Auf diesem Klavier habe er dann zu spielen begonnen und habe pausenlos weitergespielt, immer nur Bach und Händel. »So über zwei Wochen lang, sagte der Franz ... Er habe gedacht, die Gäste werden das nicht lange aushalten, daß Wertheimer ihnen immer und ununterbrochen auf dem Klavier vorspielt, aber sie seien doch zwei Wochen, *über zwei Wochen* geblieben, ausnahmslos, er, Franz, habe, weil er ja gesehen hat, daß Wertheimer seine Gäste tatsächlich wahnsinnig gemacht hat mit seinem Klavierspiel, den Verdacht, daß Wertheimer die Gäste bestochen hat, ihnen Geld gegeben hat, damit sie in Traich bleiben.« Er habe sie dafür bezahlt, daß sie ihm zuhörten, wie er auf einem »entsetzlich verstimmten« Klavier spielte. Nach zwei Wochen habe er sie dann alle weggeschickt. Mit Hilfe des treuen Holzknechts verbrannte er alles, was er geschrieben hatte, seit er seine Pianistenlaufbahn abgebrochen hatte; das meiste waren Aphorismen. Schließlich nahm er den Zug, fuhr in die Schweiz und hängte sich auf. In dieser grotesken, paradoxen, kasperletheaterhaften Schlußszene steckt die ganze Lächerlichkeit, die unfreiwillige Komik dieses Romans. Am Ende bleibt der Erzähler in Wertheimers Zimmer allein und legt »Glenns *Goldbergvariationen* auf, die ich auf Wertheimers Plattenspieler liegen gesehen hatte, der noch offen war«. So endet *Der Untergeher*. Während am Ende des

Films *Ein Herz im Winter*, in dieser sozusagen zweistimmigen Fuge, Stéphane, an einem Tischchen sitzend in einem jener Pariser Cafés, hinter deren großen Scheiben man die Straße sieht, die draußen vorübergehende Camille grüßt und ihr nachsieht mit dem Blick derer, die wissen, daß sie nur noch eins zu erwarten haben: daß ihr Haar spärlich wird (*Sie werden sagen: »Wie spärlich sein Haar geworden ist!«*). Stéphane hat nicht einmal mehr die groteske Größe Wertheimers. Und auch nicht die klarsichtige Feigheit Prufrocks. Stéphane ist ein normaler Mensch, dem es nicht gelingt, zwischen dem, was er gerne geworden wäre, und dem, was er ist, zu vermitteln. Am Ende entscheidet er sich dafür, nicht das zu sein, was er gerne geworden wäre. Zugleich verliert er auch den Geschmack an der Leidenschaft: an der musikalischen wie der fleischlichen. Und als er es merkt, ist es zu spät: Camille ist schon weit.

Es gibt jedoch ein Detail, das ich bis zuletzt aufgespart habe. Die Anfangsszenen von *Ein Herz im Winter* zeigen Stéphane und Maxime in der Werkstatt, während sie zwei Holzteile einer Geige zusammenfügen. Sie befinden sich in einer hochgelegenen Werkstatt mit einem Nordlicht, das mich an jenen Geruch von Holz und Musik erinnert hat, von dem ich Dir am Anfang dieses Kapitels erzählt habe. Es liegt etwas Warmes in jener Szene, so wie etwas Warmes in der Fotografie von Glenn Gould liegt, die auf der Rückseite seiner Plattenhüllen zu sehen ist. Auf den ersten Blick ist es eine gewöhnliche Fotografie, aber wenn Du genau hinsiehst, bemerkst Du seine Hände: Sie sehen leicht aus, aber es scheint, als ob sie nicht einfach auf den Tasten lägen, sondern Teil der Klaviatur wären, ein weicher, modellierter, natürlicher Teil jener Klaviatur. Dieses Foto berührt mich jedesmal wieder sehr, wenn ich es betrachte. So wie mich das kaum hörbare Holzgeräusch sehr berührt, mit dem die zwei Geigenteile von Maxime und Stéphane zusammengefügt werden. Ich weiß nicht, warum ich Dir diese Dinge erzähle, nachdem wir über Genie und Begabung gesprochen haben, nachdem ich Dir gesagt habe, daß man großzügig mit sich selber sein muß, sicherlich streng in der Methode, aber großzügig in der Lust, sich der Prüfung zu unterziehen. Vielleicht erzähle ich Dir diese Geschichte, weil ich zutiefst überzeugt bin, daß die Fähigkeit, Leidenschaften zu haben, Leidenschaften aller Art, durch winzige Geräusche ausgelöst wird, durch den Geruch von Holz, durch die graphische Schönheit einer Partitur. Du weißt, Francesco, Du weißt sehr gut, daß ich Dir immer erlaubt habe, auf den Klaviertasten herumzuhauen; nicht nur aus dem banalen Grund, damit Du eine Musikalität entwickeln kannst, sondern auch, damit Du durch den Kontakt mit den Dingen zu einer weniger sichtbaren, aber um so intensiveren, vielleicht sinnlicheren Welt geführt wirst; zu einer Welt, die den Ehrgeiz nicht an die höchste Stelle der Werteskala setzt …

Und eines Tages im Schloßhof ein Greis …

Ich habe Dich angesehen, Francesco, als Du vorhin Musik gehört hast: Du setzt Dir ganz allein diese großen Kopfhörer auf und bittest mich, den CD-Player anzustellen. Manchmal mache ich mir einen Spaß daraus, Dich die Namen der Stücke, die Du hörst, wiederholen zu lassen; Du hörst sie ja eher zufällig als systematisch, denn meistens sind es die, die ich gerade gehört hatte, bevor Du hereingekommen bist. Du hast Dir den Kopfhörer aufgesetzt, als gerade das *Concerto per oboe* von Alessandro Marcello lief, und hast beinahe richtig gesagt: *»Erto-obo.«* Dann bist Du zu Deiner Mama gelaufen und hast es vor ihr wiederholt, auch weil es mich amüsiert, wenn Du die sonderbarsten Sachen zu ihr sagst. Diesmal hat sie es aber nicht verstanden, ich habe ihr erklären müssen, was *erto-obo* heißen soll. Sie hat gelächelt. Sie ist es gewohnt, uns Dialoge führen zu hören wie: »Magst Du Brahms?« – *»No, Bbams no. Mallee Bobbe.«* Soll heißen: Nein, Brahms will ich nicht hören, ich will Bob Marley hören. Dann tue ich Dir den Gefallen, und Du schläfst mit *Jammin'* ein. Aber auch mit *La Locomotiva* von Guccini und mit der e-Moll-Toccata von Bach oder auch mit Richard Strauss und manchmal mit dem Ersten Klavierkonzert von Johannes Brahms, wenn ich Dich überzeuge, daß der große Paukenwirbel am Anfang nichts ist, wovor man sich fürchten muß.

Andere Male schläfst Du mit Geschichten ein; mit denen, die Du schon kennst und die wir Dir genauso erzählen, wie Du sie haben willst. Es spielt keine Rolle, ob es *Dumbo* ist oder *Peter Pan* oder die Kinderreime von Gianni Rodari. Vorerst sind dies Deine Bücher, da gibt es keinen untergehenden Wertheimer, keine Gedichte von Eliot, keinen Holden und auch keinen Long John Silver, zum Glück; dafür bist Du noch zu klein. Aber eines Tages wirst Du sie alle zusammen wiederfinden in einem einzigen Roman.

Ich beobachte Dich, während Du Dir einen Lassie-Film ansiehst in einer jener unbequemen Positionen, die nur Du so zustande bringst. Mir wird bewußt, daß ich Deinen Film nicht mehr ansehe, daß ich nicht mehr auf die Mattscheibe achte. Mir wird bewußt, daß ich in Wirklichkeit Dich ansehe, nicht den Film, den ich inzwischen auswendig kenne. In diesem Moment bist Du mein Film: ein Film von Dir, wie Du Dir einen Film ansiehst. In der Literatur gibt es das öfter, man nennt es *mise en abîme*, wörtlich »Verabgründigung«. Gemeint ist die Situation, wenn in einem Buch von jemandem erzählt wird, der seinerseits gerade ein Buch schreibt; oder wenn in einem Film jemand vorkommt, der gerade einen Film dreht. Und dies hier ist ein von Deinem Vater geschriebenes Buch, in dem er Geschichten von Leuten erzählt, die im Grunde nicht sehr verschieden von denen sind, die Du jetzt gerade auf der Mattscheibe des Fernsehapparats siehst.

Begonnen habe ich dieses Buch eines Morgens am Meer. Ich beende es jetzt an einem Abend, an dem uns eine ländliche Stille umgibt und trotz der Dunkelheit ein Widerschein am Himmel zu sehen ist, der uns daran erinnert, daß Rom nicht allzuweit entfernt liegt. Jetzt hörst Du nicht mehr das Oboenkonzert, Francesco; Du bist schlafen gegangen, ein bißchen widerwillig, obwohl Du im allgemeinen kein Theater machst.

Vorhin sagte ich zu Dir: Was hältst Du davon, wenn Du alle jene Personen gemeinsam in einem Schloß aus Papier wiederfinden würdest, das wir beide, Du und ich, uns erfinden? Ein wunderschönes Schloß, in dem ein alter Pirat, der bei einem Raubzug ein Bein verloren hat, als Gärtner arbeitet – jawohl, einen so friedlichen Beruf übt er aus – und der alle Eintreffenden liebenswürdig begrüßt und zugleich ermahnt: Gebt acht auf die Blumen! Tretet nicht auf den Rasen! Seht, wie rasch die Hecke gewachsen ist! Der alte »Schweinebraten«, wie ihn seine Piratenkumpane nannten, ist ein anderer Mensch geworden, und er macht einen glücklichen Eindruck. Obwohl er gezwungen ist, eine Krücke mit sich herumzutragen, bewegt er sich ungewöhnlich behende. In dem Schloß aus Papier wohnt auch ein etwas zu schnell gewachsener Junge, der auf den Namen Holden hört, aber seinen Nachnamen hält er aus einer Laune geheim. Man kann sich nicht auf das verlassen, was er sagt, er erfindet oft wilde Geschichten. Aber er scheint ruhig und ausgeglichen zu sein, obwohl er noch immer diese eigentümliche Art hat, von den Dingen zu reden. Bei ihm ist manchmal seine Schwester Phoebe, ein aufgewecktes und sympathisches kleines Mädchen; wenn Holden sich wieder mal in eine dumme Lage gebracht hat, kommt sie und bringt alles wieder in Ordnung. Sie ist ein bißchen wie eine Fee, die kleine Phoebe, wie Peter Pans Tinker Bell. Dann ist da noch der Pförtner: ein bescheiden auftretender Herr, den alle nur John Alfred nennen. Er hat immer allein gelebt, sein Haar ist spärlich. Er redet nicht viel, aber wenn die Tage kürzer werden und es früh dunkelt und er melancholisch gestimmt ist, kommt es vor, daß er Geschichten von früher erzählt, von einer Stadt, wo es immer neblig ist und wo eine alte Dame mit einem seltsamen Namen lebt, die sich mit uralten Tarotkarten auszukennen scheint. Und in einem anderen Flügel des Schlosses, ein bißchen exzentrisch und ein bißchen abgesondert, wohnt Glenn Gould. Er spielt immerzu Klavier, manchmal die ganze Nacht lang, aber die Bewohner des Schlosses zeigen Verständnis dafür. Wenn der Wind von Süden kommt, hört man seinen Steinway und die Bach-Musik durch das ganze Tal.

Eines Tages erscheint am Tor ein Greis; er hat das Gesicht eines alten Herrn, den ich vor Jahren in Mailand getroffen habe, im Mai 1985. Er war damals schon 86 Jahre alt, als ich ihn zum ersten und letzten Mal sah – und seine Augen, die das Licht schon seit dreißig Jahren nicht mehr erblickt hatten, wirkten lebendig, als sähen sie weit in die Ferne, wie die Augen eines Sehers. Das Gesicht war länglich geformt, das rechte Augenlid ein bißchen hängend, und ein kaum merkliches Lächeln spielte um seinen Mund. Jawohl, das ist er, Francesco, das ist jener alte Herr, den ich vor Jahren in Mailand getroffen habe. Jetzt steht er, gekleidet wie damals, am Tor des Schlosses. Er scheint erwartet worden zu sein, freudig erwartet. Unsere aus den Büchern herausgetretenen Personen sitzen bereits im Schloßhof versammelt auf langen hölzernen Bänken. Nicht nur diejenigen sind da, von denen wir hier gesprochen haben, es sind noch viele andere gekommen, von denen ich Dir nicht erzählt habe. Einige glaube ich wiederzuerkennen: Da ist ein junger Mann mit einem englischen Vornamen und einem lateinischen Nachnamen, da ist ein dänischer Prinz, da sind viele Krieger, auch Herren in Zivil, nach der jeweiligen Mode gekleidet; da sind kecke Jünglinge, Dandies, faszinierende Frauen, Menschen aller Rassen, Könige, Königinnen und Prinzessinnen; Abenteurer, kirchliche Würdenträger, Päpste; Mörder aller Art und Freibeuter aller Meere, aus aller Herren Ländern, auch Gefangene und Gefängniswärter, in Ungnade gefallene Edelmänner, Scharen von Armen in zerlumpten Kleidern; und da sind massenhaft Kinder. Und dazu alle Deine Hexen, Irrlichter, Kobolde und Gnome, die Du nach und nach immer besser kennenlernst. Und schließlich ist da auch Peter Pan, viel kleiner und kindlicher als der Junge, den Du in dem Zeichentrickfilm von Walt Disney zu sehen gewohnt bist.

Langsam füllt sich der große Hof, als wäre er ein Buch ganz voller Namen, aber wohlgeordnet; nur ab und zu ist leichtes Stimmengewirr zu hören. Sogar Glenn Gould hört auf, das zweite Buch des Wohltemperierten Klaviers zu spielen; jemand hört ihn plötzlich den Deckel seines Steinway zuklappen und rasch die Treppe herunterkommen. Auf einem Podest steht ein ganz gewöhnlicher Stuhl. Der Greis wird von einer rothaarigen Dame hingeführt und nimmt vorsichtig Platz, hält den Stock zwischen den Knien und legt die knotigen Hände auf den intarsienverzierten Griff. Im Hof tritt Stille ein, eine Stille, wie man sie sonst nur in Bibliotheken hört, in solchen mit dicken Mauern und großen Folianten und Pergamenten auf Holzregalen, die sich unter der Last biegen. Der Greis beginnt zu sprechen, Francesco, im Ton eines Mannes, der einen Vortrag zu halten gedenkt: Die Stimme ist dünn, manchmal zögernd, aber sicher. Natürlich weiß er bis in die kleinsten Einzelheiten, was er sagen will:

»Ein Buch, ein beliebiges Buch, ist für uns ein geheiligter Gegenstand; schon Cervantes, der sich vielleicht nicht alles anhörte, was die Leute sagten, las sogar das Abfallpapier auf der Straße. In einer Komödie von Shaw bedroht das Feuer die Bibliothek von Alexandria; jemand ruft aus, das Gedächtnis der Menschheit werde verbrennen, und Cäsar sagt: *Laß es brennen. Es ist ein Gedächtnis von Ruchlosigkeiten ...*« Ein Murren durchbricht die Stille, etwas wie eine leise Unmutsbekundung. Der Greis schweigt, wie nur er es kann. Langsam bewegt er den Stock leicht schaukelnd zwischen den Knien, das Kinn erhoben, und wartet, bis wieder Stille eintritt. Dann fährt er fort: »Der historische Cäsar würde, so meine ich, den Ausspruch, den der Autor ihm zuschreibt, entweder gutheißen oder verurteilen, doch er würde ihn nicht wie wir für einen lästerlichen Scherz halten. Der Grund ist klar: Für die Menschen der Antike war das geschriebene Wort nur ein Ersatz für das gesprochene Wort.«

Der Greis hält inne, ein wenig verwundert: Er hatte eine Reaktion erwartet, statt dessen lauschen die Zuhörer jetzt hingerissen und stumm wie Personen aus unaufgeschnittenen Büchern. Die Pause ist nur kurz, dann hebt er wieder an und fährt mit einem leicht ironischen Unterton fort: »Es heißt, Pythagoras habe nicht geschrieben; er vertraute mehr auf die Kraft der mündlichen Unterweisung. Aussagekräftiger als die bloße

Enthaltsamkeit des Pythagoras ist das Zeugnis Platons. Platon erzählte eine ägyptische Fabel gegen das Schreiben, das die Menschen dazu bringe, ihr Gedächtnis nicht mehr zu üben und von Symbolen abhängig zu werden, und sagte, Bücher seien wie bemalte Figuren, *die lebendig scheinen, aber auf die Fragen, die man an sie richtet, kein Wort erwidern.* Um diese Unzuträglichkeit abzuschwächen oder auszuschalten, ersann er den philosophischen Dialog.«

Alles fließt, Francesco, als ob diese Worte, diese Begriffe seit jeher klar gewesen wären, für jedermann. Der Alte weiß das, er ist sicher, daß alle ausrufen werden: Ja natürlich, warum haben wir nicht schon früher daran gedacht! Auch die gelehrten Zitate antiker Autoren, die er einflicht, scheinen ganz selbstverständlich und notwendig zu sein: »Gegen Ende des 4. Jahrhunderts kam jener geistige Prozeß in Gang, der nach vielen Generationen in der Vorherrschaft des geschriebenen Wortes über das gesprochene, der Feder über die Stimme gipfeln sollte. Ein wunderbarer Zufall hat es gefügt, daß ein Schriftsteller den Augenblick (ich übertreibe kaum, wenn ich Augenblick sage) festgehalten hat, in dem dieser weitreichende Prozeß begann.«

Die Stimme des Greises wird zögernd, als bitte sein Gedächtnis um etwas Zeit für die Suche nach einer Stelle, die genau zitiert werden muß, und er sagt, daß der heilige Augustinus in seinen *Bekenntnissen* vom heiligen Ambrosius erzählt und beschreibt, wie Ambrosius las, nämlich indem er den Blick über die Seiten wandern ließ und ihre Bedeutung ergründete, aber ohne dabei ein Wort zu sprechen noch die Zunge zu bewegen. Viele Male, so Augustinus, sei Ambrosius so gesehen worden, wie er stumm las, vielleicht um seine Stimme zu schonen, die leicht heiser wurde. Der Greis machte eine kurze Pause, dann fügte er hinzu: »Augustinus war Schüler von Ambrosius, dem Bischof von Mailand, um das Jahr 384; dreizehn Jahre später, in Numidien, verfaßte er seine *Bekenntnisse*, und immer noch beunruhigte ihn jener einzigartige Anblick: ein Mann in einem Zimmer mit einem Buch, lesend, ohne die Worte zu artikulieren. Dieser Mann ging direkt vom Schriftzeichen zum Verstehen über, ohne den Umweg über das Lautzeichen; die seltsame Kunst, die er als erster einführte, die Kunst, *leise* zu lesen, sollte zu wunderbaren Konsequenzen führen. Viele Jahre später sollte sie zum Begriff des Buches als Zweck, nicht als Mittel zu einem Zweck führen.«

An dieser Stelle werden die Zuhörer von Erregung erfaßt, Beifallsbekundungen kommen auf, denn der blinde Greis erzählt von einem Wunder; und er erzählt es mit der gleichen Präzision, mit welcher Glenn Gould das geometrische und barocke Wunder Johann Sebastian Bachs vorführt. Jawohl, Francesco, vielleicht wäre das Wohltemperierte Klavier tatsächlich die beste Untermalung dieser Worte gewesen: »Die Idee eines Gottes, der zu den Menschen spricht, um ihnen etwas zu befehlen oder zu verbieten, wird überlagert von der eines Absoluten Buches, einer Heiligen Schrift.«

Nun spricht unser Vortragsredner von den heiligen Büchern, zuerst vom Koran: »Für die Muslime ist *Al Qur'an* keine bloße Schöpfung Gottes, wie die Seelen der Menschen oder das Universum; er ist eines der Attribute Gottes wie Seine Ewigkeit oder Sein Zorn.«

Sodann vom *Sefer Jezirah*, worin berichtet wird, wie Jehova, der Herr der Heerscharen, Gott Israels und der Allmächtige, die Welt erschuf vermittels der Grundzahlen von eins bis zehn und der zweiundzwanzig Buchstaben des Alphabets. Und der Alte fügt hinzu: »Daß die Zahlen Werkzeuge oder Elemente der Schöpfung seien, ist Dogma von Pythagoras; daß die Buchstaben es seien, ist ein deutliches Indiz für den neuen Schriftkult.«

Die Sonne versinkt am Ende des Tals, und ihre flachen Strahlen lassen den Greis noch ehrwürdiger erscheinen. Zum erstenmal spricht ein Literat zu den Personen der Literatur (und nicht umgekehrt, wie sonst immer). Sie, die Kinder der Wörter, der unzähligen Kombinationen aus den Buchstaben des Alphabets, können eine Geschichte hören, die sie betrifft; und können begreifen, warum ich und so viele andere, anstatt uns mit all den ach so konkreten, so ernsthaften und realen Dingen zu beschäftigen, uns hinsetzen und Bücher schreiben; Bücher wie dieses, die Gebrauchsanweisungen für das Leben durch eine fiktive Welt enthalten, durch eine Welt aus Papier. Durch ebenjene Welt, deren Bewohner da auf den Holzbänken im Schloßhof sitzen, um dem Mann zuzuhören, den ich einmal von jemandem *El Señor* genannt werden hörte.

Und *El Señor* spricht: »Noch weiter gingen die Christen. Der Gedanke, daß die Gottheit ein Buch geschrieben habe, brachte sie zu der Vorstellung, daß sie deren zwei geschrieben habe und daß das andere das Weltall sei. Zu Beginn des 17. Jahrhunderts erklärte Francis Bacon in seinem *Advancement of Learning*, daß Gott uns zwei Bücher darbiete, damit wir nicht in den Irrtum verfielen: Das erste sei der Band der Heiligen Schriften, der Seinen Willen offenbare, das zweite der Band der Geschöpfe, der Seine Herrschaft offenbare, und dieser sei der Schlüssel zu jenem.« Der Vortrag nähert sich dem Ende, Francesco. Die Stimme des Alten klingt ein wenig erschöpft, er muß zum Schluß kommen. Er hat Thomas Carlyle zitiert und vorher Sir Thomas Browne und Flaubert und Mallarmé und Henry James und James Joyce und Clemens von Alexandria und Léon Bloy und sogar Jesus, den »größten Meister der mündlichen Rede, der nur ein einziges Mal ein paar Worte in den Sand schrieb, und niemand konnte sie lesen«. Doch er verabschiedet sich von seinen Zuhörern mit einem Satz, der sie alle gründlich verblüfft: »Die Welt existiert nach Mallarmé, um ein Buch zu rechtfertigen; nach Bloy sind wir Verse oder Wörter oder Zeichen eines magischen Buches, und dieses nie endende Buch ist das einzige, was es auf der Welt gibt; besser gesagt, es *ist* die Welt.«

Der *Señor* ist ans Ende gelangt. Er hat den Personen der Literatur gesagt, daß sie, die aus Wörtern bestehen, aus Buchstaben, Kommas, Gedankenstrichen und Pünktchen, nichts Geringeres sind als die Welt; er hat zugleich auch gesagt, daß die Welt, wenn sie existiert, zur Rechtfertigung eines Buches existiert. Er hat diese zwei Dinge gesagt, die in Wirklichkeit nicht er gesagt hat, sondern zwei andere Herren, die sich dazu vielleicht von wieder anderen hatten anregen lassen. Wie endet dieses Märchen, Francesco? Mit Glenn Gould, der in sein Zimmer zurückgeht und wieder Bach spielt, nun zu Ehren des großen Alten? Mit Holden, der aufsteht und ihm eine Frage stellt, eine von seinen gleichzeitig staunenden und respektlosen Fragen? Oder mit –

noch einmal – John Silver, der ihn auf seine Krücke gestützt ansieht, mit dem aus Verachtung und Bewunderung gemischten Blick dessen, der weiß, daß am Ende auch jener studierte Chirurg, der ihm das Bein amputiert hatte, trotz all seiner Diplome und seines »eimerweisen« Lateins in der Sonne verdorrt ist, an einem jener Orte, wohin die Piraten, mit Rum angefüllt, zum Sterben gehen: ohne den geringsten Respekt für seine Wissenschaft. Und Wertheimer? Welchen Grund zur Verzweiflung hätte er finden können, welche Art und Weise, noch einmal unterzugehen? Zu viele vielleicht. Es gibt keine Antwort auf all das.

Der große Alte erhebt sich zögernd, auf seinen Stock gestützt, aber befriedigt. Jetzt ist *jene* Welt *die* Welt geworden. Jemand ruft: »Ehrwürdiger Jorge, ehrwürdiger Jorge ...« Er lächelt, als er die Stimme erkennt, dreht sich in die Richtung des Rufers, aber seine Augen blikken wie stets zum Himmel. »Ehrwürdiger Jorge, wenn aber wir die Welt sind, welchen Sinn kann die Welt dann haben?« Der ehrwürdige Jorge verstärkt sein Lächeln. Dann antwortet er fast zerstreut: »Bruder William von Baskerville, Ihr wißt doch sehr gut, daß alle Dinge der Welt zu einem Zitat oder einem Buch führen.« Spricht's und ist wie durch Zauber verschwunden.

Lieber Francesco, an jenem Morgen bist Du gekommen und hast mir Dein Buch gebracht. Du warst noch ganz schlaftrunken und hattest noch diese kleinen tiefdunklen Augen, die nicht aufgehen wollten, und diesen Stolpergang mit überkreuzten Beinen, bei dem man immer meint, Du müßtest gleich hinfallen. Du bist mit einem Bilderbuch zu mir gekommen. Es war das mit dem Marienkäfer vorne drauf, das mit einer Drahtspirale zusammengehalten wird. Jetzt sind wir ans Ende meines langen Briefes an Dich gelangt. Ich habe Dir auch noch ein Märchen erzählt, mit dem großen Jorge Luis Borges als Helden. Aber etwas in diesem Märchen habe ich Dir verschwiegen: Auf dem Jackenrevers von Borges hatte ein roter Marienkäfer gesessen. Jawohl, Dein roter Marienkäfer, der jedesmal eine andere Geschichte hat, war auch dort, zusammen mit allen anderen Personen der Literatur.

Lieber Francesco, es war einmal ein Kind, das mit seinem Vater in einem großen Park spielte, und da kam ein Marienkäfer geflogen und setzte sich auf seine Hand, und das Kind begriff, daß der Marienkäfer eine Geschichte wollte; und die Geschichte mußte es selbst erfinden, denn der Marienkäfer hatte keine eigene. Da begann das Kind eine Geschichte zu erzählen, in der der Marienkäfer ein kleines Tier war, das in Büchern lebte, verborgen zwischen den Seiten, und zaubern konnte: Es konnte die gedruckten Buchstaben umstellen, indem es von einer Seite zur nächsten flog, so daß man jedesmal, wenn man das Buch aufschlug, eine andere Geschichte las; eine, die nicht *sehr* viel anders, aber doch *ein bißchen* anders war. Denn am Ende, Francesco, sind die Geschichten nicht sehr verschieden voneinander, sie sind nur ein bißchen verschieden, wie die Geschichte von Deinem Marienkäfer, wie die Geschichte dieses Buches, die jedesmal anders sein wird, wenn Du es wieder liest, denn Du wirst immer wieder etwas Neues darin entdekken. So sind nämlich die Bücher, Francesco: Sie brauchen die Welt nicht, die Welt ist es, die sie braucht. Erinnere Dich an die Worte des ehrwürdigen Borges: *Todas las cosas del mundo llevan a una cita o a un libro …*

Nachwort des Übersetzers

An dieser Stelle folgt im Original ein Nachwort des Autors mit detaillierten bibliographischen Angaben zu den besprochenen Büchern und einigen Bemerkungen zu den von ihm benutzten italienischen Übersetzungen. Da diese Angaben nur für den italienischen Leser von Interesse sind, schien es uns sinnvoll, sie durch entsprechende Angaben für den deutschsprachigen Leser zu ersetzen und insbesondere das Problem einer angemessenen Übersetzung der Zitate aus der angelsächsischen Literatur darzulegen.

Robert Louis Stevensons *Schatzinsel* ist seit 1883 mehr als ein halbes dutzendmal ins Deutsche übersetzt worden. Vier dieser Übersetzungen sind noch lieferbar oder relativ leicht in Bibliotheken zu finden (Rose Hilferding, 1924, jetzt bei Diogenes; Karl Lerbs, 1936, Insel; Richard Mummendey, 1967, Winkler; Fritz Güttinger, 1971, Manesse). Beim Vergleich mit der vom Autor benutzten italienischen Fassung hat sich jedoch gezeigt, daß keine davon privilegiert werden konnte: Zu oft weisen sie Formulierungen auf, die unnötig weit von dem abweichen, was der Autor zitiert hat. Ein Beispiel, das für viele steht: Gleich im ersten längeren Zitat, oben auf S. 27, das mit dem Satz endet: »Nie im Leben hatte ich eine unheimlichere Gestalt gesehen«, mußte ich feststellen, daß drei der vier herangezogenen deutschen Übersetzungen die betreffende Gestalt als »abstoßende« bezeichnen und nur eine (Karl Lerbs) als »fürchterliche«. In der italienischen Fassung heißt der Satz: »Mai vidi in vita mia figura più sinistra.« War die Gestalt nun »sinister«, also finster, unheilvoll, unheimlich, jedenfalls zum Fürchten – oder war sie »abstoßend«, also eher widerlich?

Beim Nachschlagen im englischen Original (*Treasure Island*, Penguin Popular Classics, erhältlich für ganze 6,– DM) fand ich, daß da *dreadful* steht: »I never saw in my life a more dreadful looking figure.« Nun heißt *dreadful*, zumindest in diesem Kontext, ganz eindeutig »schrecklich, fürchterlich, grauenhaft« etc. und gerade nicht »abstoßend, ekelhaft« etc.; es bringt an dieser Stelle in sehr prägnanter Weise zum Ausdruck, daß Jim Hawkins sich vor dem blinden Pew *fürchtet*, während das Adjektiv »abstoßend« eher den Eindruck erweckt, als würde er sich vor ihm *ekeln*. Ich hätte also an dieser Stelle nur die Übersetzung von Karl Lerbs zitieren können, die jedoch an anderen Stellen Ungenauigkeiten aufweist und allgemein eine Tendenz zum Pleonasmus hat. (Sie lautet: »... als ich am Tage nach dem Begräbnis, an einem bitterkalten Nebelnachmittag ungefähr um drei Uhr, einen Augenblick vor die Tür hinaustrat ... da sah ich eine Gestalt, die langsam auf der Landstraße daherkam. Der Mann war offenbar blind, denn er tastete mit einem Stock vor sich her und trug einen großen grauen Schirm über Augen und Nase; auch war er verkrümmt, wie von Alter und Schwäche, und an seinem weiten alten Seemannsmantel saß eine Kapuze, die ihn mißgestaltet erscheinen ließ. In meinem ganzen Leben ist mir keine fürchterlichere Erscheinung begegnet als dieser Blinde.«) Die von Cotroneo zitierte italienische Übersetzung folgt dagegen bewundernswert genau dem englischen Original, und so habe ich mich bemüht, es ihr gleichzutun. Die Wiedergabe von *dreadful* mit *sinistra* hat mich schließlich darauf gebracht, dieses so markante Adjektiv mit »unheimlich« zu übersetzen.

Das Beispiel steht, wie gesagt, für viele. Einmal angefangen, habe ich dann, soweit es mir nötig schien, auch alle anderen zitierten Passagen der *Schatzinsel* direkt aus dem englischen Original übersetzt.

Ähnlich verhielt es sich bei den Zitaten aus J. D. Salingers *Catcher in the Rye*. Die deutsche Ausgabe, *Der Fänger im Roggen*, in einer anonymen Übersetzung, über die der Verlag nur mitteilt, daß sie »von Heinrich Böll überarbeitet« worden sei, ist 1962 bei Kiepenheuer & Witsch erschienen und seit 1966 auch als Rowohlt Taschenbuch lieferbar. Da sich der Text aber leider auch hier, zumindest an den zitierten Stellen, oft als erstaunlich ungenau oder gar lückenhaft erwies, habe ich auch bei diesem Buch alle Zitate am Original überprüft und, soweit nötig, neu übersetzt.

Bei T. S. Eliot war es ein wenig anders. Die Zitate aus dem *Love Song of John Alfred Prufrock* mußte ich zwar (unter Verzicht auf die Reime) ebenfalls neu übersetzen. Es gibt eine gereimte Nachdichtung von Klaus Günther Just (»J. Alfred Prufrocks Liebesgesang«, in der zweisprachigen Ausgabe von Suhrkamp: T. S. Eliot, *Gedichte*, BS 130, 1964 leider vergriffen), die aber, eben weil sie gereimt und daher zwangsläufig ungenau ist, für die Zwecke dieses Buches nicht zu gebrauchen war. Anders verhält es sich mit *The Waste Land*: Die exemplarische Übersetzung von Ernst Robert Curtius aus dem Jahre 1927 erwies sich bis auf ganz wenige Stellen als überaus präzise und jederzeit zitierbar.

Thomas Bernhards Roman *Der Untergeher* ist 1983 bei Suhrkamp erschienen, hier gab es – naturgemäß – keine Übersetzungsprobleme. Der Film *Ein Herz im Winter* von Claude Sautet kam 1991 in die Kinos und ist – zumindest in Frankreich und Italien – auf Videokassette erhältlich. Was schließlich die Rede des blinden Greises im letzten Kapitel betrifft, so ist sie nichts anderes als der Essay »Vom Bücherkult« von Jorge Luis Borges, zu finden in seinem Band *Otras inquisiciones* (deutsch in *Essays 1952–1979*, übersetzt von Karl August Horst und bearbeitet von Gisbert Haefs, Gesammelte Werke Bd. 5/II, Hanser 1981, jetzt unter dem etwas irreführenden Titel *Inquisitionen*, dito, Bd. 7 der *Werke in 20 Bänden*, Fischer Taschenbuch Verlag 1992, S. 122–127).

Das Dante-Zitat auf S. 82 folgt der in ihrer Genauigkeit unübertroffenen Übersetzung von Hermann Gmelin (1949, Nachdruck dtv Klassik 1988).

Burkhart Kroeber, im Frühjahr 1996